U0499610

"十四五"时期国家重点出版物出版专项规划项目
转型时代的中国财经战略论丛

黄河流域城市
生态软实力建设研究

Research on the Development of
Urban Ecological Soft Power in the Yellow River Basin

董彦岭　张淑敏　杨志恒　著

中国财经出版传媒集团
经济科学出版社
Economic Science Press
·北京·

图书在版编目（CIP）数据

黄河流域城市生态软实力建设研究／董彦岭，张淑敏，杨志恒著 . -- 北京：经济科学出版社，2024. 12. （转型时代的中国财经战略论丛）. -- ISBN 978 - 7 - 5218 - 6581 - 3

Ⅰ. X321. 2

中国国家版本馆 CIP 数据核字第 20240BJ455 号

责任编辑：戴婷婷
责任校对：蒋子明
责任印制：范　艳

黄河流域城市生态软实力建设研究

董彦岭　张淑敏　杨志恒　著

经济科学出版社出版、发行　新华书店经销

社址：北京市海淀区阜成路甲 28 号　邮编：100142

总编部电话：010 - 88191217　发行部电话：010 - 88191522

网址：www. esp. com. cn

电子邮箱：esp@ esp. com. cn

天猫网店：经济科学出版社旗舰店

网址：http：//jjkxcbs. tmall. com

北京季蜂印刷有限公司印装

710 × 1000　16 开　13. 75 印张　220000 字

2024 年 12 月第 1 版　2024 年 12 月第 1 次印刷

ISBN 978 - 7 - 5218 - 6581 - 3　定价：60. 00 元

（图书出现印装问题，本社负责调换。电话：010 - 88191545）

（版权所有　侵权必究　打击盗版　举报热线：010 - 88191661

QQ：2242791300　营销中心电话：010 - 88191537

电子邮箱：dbts@ esp. com. cn）

山东省社科规划项目研究成果（20CCXJ10）

总　序

　　"转型时代的中国财经战略论丛"（以下简称《论丛》）是在国家"十四五"规划和2035年远景目标纲要的指导下，由山东财经大学与经济科学出版社共同策划的重要学术专著系列丛书。当前我国正处于从全面建成小康社会向基本实现社会主义现代化迈进的关键时期，面对复杂多变的国际环境和国内发展新格局，高校作为知识创新的前沿阵地，肩负着引领社会发展的重要使命。为响应国家战略需求，推动学术创新和实践结合，山东财经大学紧密围绕国家战略，主动承担时代赋予的重任，携手经济科学出版社共同推出"转型时代的中国财经战略论丛"系列优质精品学术著作。本系列论丛深度聚焦党的二十大精神和国家"十四五"规划中提出的重大财经问题，以推动高质量发展为核心，深度聚焦新质生产力、数字经济、区域协调发展、绿色低碳转型、科技创新等关键主题。本系列论丛选题涵盖经济学和管理学范畴，同时涉及法学、艺术学、文学、教育学和理学等领域，有力地推动了我校经济学、管理学和其他学科门类的发展，促进了我校科学研究事业的进一步繁荣发展。

　　山东财经大学是财政部、教育部和山东省人民政府共同建设的高校，2011年由原山东经济学院和原山东财政学院合并筹建，2012年正式揭牌成立。近年来，学校紧紧围绕建设全国一流财经特色名校的战略目标，以稳规模、优结构、提质量、强特色为主线，不断深化改革创新，整体学科实力跻身全国财经高校前列，经管类学科竞争力居省属高校首位。随着新一轮科技革命和产业变革的推进，学科交叉融合成为推动学术创新的重要趋势。山东财经大学秉持"破唯立标"的理念，积极推动学科交叉融合，构建"雁阵式学科发展体系"，实现了优势学科的联动发展。建立起以经济学、管理学为主体，文学、理学、法学、工学、教育学、艺术学等多学科协调发展的学科体系，形成了鲜明的办学特色，为国家经济建设和社会发展培养了大批高素质人才，在国内外享有较高声誉和知名度。

山东财经大学现设有 24 个教学院（部），全日制在校本科生、研究生 30000 余人。拥有 58 个本科专业，其中，国家级一流本科专业建设点 29 个，省级一流本科专业建设点 20 个，国家级一流本科专业建设点占本科专业总数比例位居省属高校首位。拥有应用经济学、管理科学与工程、统计学 3 个博士后科研流动站，应用经济学、工商管理、管理科学与工程、统计学 4 个一级学科博士学位授权点，11 个一级学科硕士学位授权点，20 种硕士专业学位类别。应用经济学、工商管理学、管理科学与工程 3 个学科入选山东省高水平学科建设名单，其中，应用经济学为"高峰学科"建设学科。在 2024 软科中国大学专业排名中，A 以上专业 23 个，位居山东省属高校首位；A + 专业数 3 个，位居山东省属高校第 2 位；上榜专业总数 53 个，连续三年所有专业全部上榜。工程学、计算机科学和社会科学进入 ESI 全球排名前 1%，"经济学拔尖学生培养基地"入选山东省普通高等学校基础学科拔尖学生培养基地。

山东财经大学以"努力建设特色鲜明、国际知名的高水平财经大学"为发展目标，坚定高质量内涵式发展方向，超常规引进培养高层次人才。通过加快学科交叉平台建设，扎实推进学术创新，实施科学研究登峰工程，不断优化科研管理体制，推动有组织的科研走深走实见行见效，助力学校高质量发展。近五年，学校承担国家级科研课题 180 余项，整体呈现出立项层次不断提升、立项学科分布逐年拓宽的特征，形成以经管学科为龙头、多学科共同发展的良好态势。其中，国家重点研发计划 1 项，国家社会科学基金重大项目 5 项、重点项目 9 项、年度项目 173 项。学校累计获批省部级科研奖励 110 余项，其中，教育部人文社科奖一等奖 1 项，成功入选《国家哲学社会科学成果文库》，实现学校人文社科领域研究成果的重大突破。学校通过不断完善制度和健全机制激励老师们产出高水平标志性成果，并鼓励老师们"把论文写在祖国的大地上"。近五年，学校教师发表 3500 余篇高水平学术论文，其中，被 SCI、SSCI 收录 1073 篇，被 CSSCI 收录 1092 篇，在《中国社会科学》《经济研究》《管理世界》等中文权威期刊发表18篇。科研成果的竞相涌现，不断推进学校哲学社会科学知识创新、理论创新和方法创新。学校紧紧把握时代脉搏，聚焦新质生产力、高质量发展、乡村振兴、海洋经济和绿色低碳已搭建省部级以上科研平台机构54个，共建中央部委智库平台1个、省级智库平台6个，省社科理论重点研究基地3个、省高等学校实验室10个，为教师从事科学研究搭建了更广阔的平台，营造了更优越的学术生态。

"十四五"时期是我国从全面建成小康社会向基本实现社会主义现代化迈进的关键阶段，也是山东财经大学迎来飞跃发展的重要时期。2022年，党的二十大的胜利召开为学校的高质量发展指明了新的方向，建校70周年暨合并建校10周年的校庆更为学校的内涵式发展注入了新的动力；2024年，学校第二次党代会确定的"一一三九发展思路"明确了学校高质量发展的路径。在此背景下，作为"十四五"时期国家重点出版物出版专项规划项目，"转型时代的中国财经战略论丛"将继续坚持以马克思列宁主义、毛泽东思想、邓小平理论、"三个代表"重要思想、科学发展观和习近平新时代中国特色社会主义思想为指导，紧密结合《中共中央关于制定国民经济和社会发展第十四个五年规划和二〇三五年远景目标的建议》和党的二十届三中全会精神，聚焦国家"十四五"期间的重大财经战略问题，积极开展基础研究和应用研究，进一步凸显鲜明的时代特征、问题导向和创新意识，致力于推出一系列的学术前沿、高水准创新性成果，更好地服务于学校一流学科和高水平大学的建设。

我们期望通过对本系列论丛的出版资助，激励我校广大教师潜心治学、扎实研究，在基础研究上紧密跟踪国内外学术发展的前沿动态，推动中国特色哲学社会科学学科体系、学术体系和话语体系的建设与创新；在应用研究上立足党和国家事业发展需要，聚焦经济社会发展中的全局性、战略性和前瞻性重大理论与实践问题，力求提出具有现实性、针对性和较强参考价值的思路与对策。

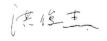

前　言

作为中华民族的母亲河，黄河的生态保护一直备受关注。其生态的发展与环境的治理是高质量发展的要求和共同富裕的前提。早在 2019 年，习近平总书记在黄河流域生态保护和高质量发展座谈会中提到，黄河流域的生态治理，对于促进全流域高质量发展和国家生态安全极为重要。黄河流域的生态保护上升为国家战略。城市生态软实力建设是黄河流域基于现实补短板的需要，城市越发展，人口、经济活动越密集，生态问题往往越严重，特别是资源型城市，建设城市生态软实力是黄河流域进一步推进生态文明的重要途径。

城市生态形象彰显城市吸引力。城市生态形象是城市生态软实力的直接体现。如生态知名度是吸引外部人员、资金等注入的重要因素，甚至构成城市区位的决定因素；城市生态美誉度多为城市对外传播的一种策略，发挥自身生态优势，将城市生态符号化；城市生态满意度是城市居民对本地生态服务的感知，是居民的生态服务需求与生态服务供给的匹配程度，也代表了对生态资源的价值权衡。

城市生态文化是城市生态软实力的文化支撑。城市在长期的发展过程中，由于地理特征等环境基础的不同，价值观念、生活生产方式也呈现出地理差异性，因此生态文化也根据地区不同而变化。城市生态文化展现了城市社会各方面力量对生态文明建设的认同。

城市生态制度提供城市生态软实力的保障。城市生态制度具体体现在两个方面：一是通过政府在城市生态软实力建设中的投入来表示，通过投入人力和财力资源，提供生态软实力建设的保障，提升城市生态文明水平。二是体现为对城市生态软实力建设的重视程度，通过网络等媒介对城市生态软实力建设进行宣传、保护。

城市生态活力是城市生态软实力的动力。通过合理开发利用城市生态资源，发展绿色工业、生态旅游等生态产业，提供多样化的生态物质产品和生态调节服务，使城市生态产品的价值得到认可，实现生态资源的合理配置，同时创新生态服务价值实现方式，借助生态产品认证、生态资源权益交易、资源产权流转等模式，实现生态价值增值和价值溢出。

通过城市生态形象的构建、生态文化的彰显、生态制度的完善、生态活力的发挥，提高黄河流域城市生态软实力，对于全流域高质量发展、改善流域环境具有重要意义。

本书第1篇正是基于以上对城市生态软实力的阐释，综合评价了黄河流域城市生态软实力建设情况，分析其演化过程和空间特征，探讨了黄河流域城市生态软实力建设的导向与任务抓手，最后提出黄河流域城市生态软实力的提升对策。

本书第2篇、第3篇分别从山东省和济南市视角，探讨生态软实力建设的现状、问题以及对策，希望能为区域经济社会发展注入新的增长动力，更希望在转变发展模式、树立区域新形象、提升各地长期可持续发展能力等方面探索出各具特色的成功路径。

本书为山东财经大学服务黄河重大国家战略、绿色低碳高质量发展先行区建设项目（2023～2024年度）的研究成果，由山东财经大学学术专著出版计划资助出版，在此表示感谢。山东财经大学区域经济研究院研究生管家伟、王静和邱桂凤同学为协助本书出版做了大量研究工作，一并表示感谢。

目　录

第 1 篇　黄河流域城市生态软实力研究

第1章　导言 ……………………………………………………… 3

　1.1　研究背景与意义 ……………………………………… 3

　1.2　主要研究内容 ………………………………………… 7

　1.3　研究框架 ……………………………………………… 7

第2章　理论基础 ………………………………………………… 9

　2.1　概念内涵界定 ………………………………………… 9

　2.2　相关理论 ……………………………………………… 20

　2.3　经验借鉴 ……………………………………………… 32

第3章　黄河流域城市生态软实力综合测度 …………………… 49

　3.1　黄河流域城市生态软实力指标体系构建 …………… 49

　3.2　黄河流域城市生态软实力发展水平分析 …………… 61

　3.3　山东省与黄河流域其他省份城市生态软实力对比分析 …… 72

第4章　黄河流域城市生态软实力空间演变分析 ……………… 74

　4.1　黄河流域城市生态软实力空间相关性分析 ………… 74

　4.2　黄河流域城市生态软实力空间联系与协同效应分析 …… 79

第5章 黄河流域城市生态软实力建设导向与任务抓手 ⋯⋯⋯ 81

5.1 政府推动城市生态软实力建设的关键行动 ⋯⋯⋯⋯ 81

5.2 企业参与城市生态软实力建设的战略举措 ⋯⋯⋯⋯ 90

5.3 公众参与城市生态软实力建设的关键作用 ⋯⋯⋯⋯ 96

第6章 黄河流域城市生态软实力提升对策 ⋯⋯⋯⋯⋯ 101

6.1 提升生态环境质量,打造城市绿色基底 ⋯⋯⋯⋯ 101

6.2 建设宜居城市,提升城市生态形象 ⋯⋯⋯⋯⋯ 105

6.3 厚植生态文化,提升城市生态品质 ⋯⋯⋯⋯⋯ 112

6.4 构建生态文明制度体系,提升生态文明建设软实力 ⋯⋯ 121

6.5 创新开放融合,激发城市生态活力 ⋯⋯⋯⋯⋯ 123

第2篇 山东省城市生态软实力研究

第7章 评价说明 ⋯⋯⋯⋯⋯⋯⋯⋯⋯⋯⋯⋯⋯⋯⋯ 129

7.1 研究背景 ⋯⋯⋯⋯⋯⋯⋯⋯⋯⋯⋯⋯⋯⋯⋯ 129

7.2 概念界定 ⋯⋯⋯⋯⋯⋯⋯⋯⋯⋯⋯⋯⋯⋯⋯ 130

7.3 山东省生态软实力建设的实践 ⋯⋯⋯⋯⋯⋯⋯ 131

7.4 评价方法及数据来源 ⋯⋯⋯⋯⋯⋯⋯⋯⋯⋯ 133

第8章 评价结果 ⋯⋯⋯⋯⋯⋯⋯⋯⋯⋯⋯⋯⋯⋯⋯ 135

8.1 山东省城市生态软实力在黄河流域名列前茅 ⋯⋯⋯ 135

8.2 山东省城市生态软实力持续提升 ⋯⋯⋯⋯⋯⋯ 136

8.3 较优的生态形象和较好的生态文化是优势 ⋯⋯⋯ 137

8.4 以济南、淄博和沿海城市为引领 带动
全省城市生态软实力提升 ⋯⋯⋯⋯⋯⋯⋯⋯⋯ 138

第9章 山东省城市生态软实力发展存在的短板和弱项 ⋯⋯ 141

9.1 城市生态环境管理体系不完善 ⋯⋯⋯⋯⋯⋯⋯ 141

9.2 居民生态环境意识仍薄弱 ⋯⋯⋯⋯⋯⋯⋯⋯ 143

9.3 生态活力尚未充分释放 ⋯⋯⋯⋯⋯⋯⋯⋯⋯ 144

9.4　产业生态化、生态产业化存在较大空间 ·················· 146

第10章　山东省城市生态软实力发展展望及对策建议 ········· 148

10.1　突出生态导向，完善城市生态软实力管理体系 ········· 148

10.2　建设城市生态软实力，政府、企业、公众必须合力 ········· 149

10.3　创新开放、释放生态活力 ···················· 150

10.4　产业生态化、生态产业化 ···················· 152

10.5　强化生态环境共保联治 ···················· 153

第3篇　济南市生态软实力研究

第11章　评价说明 ························· 159

11.1　评价背景与意义 ························ 159

11.2　概念界定 ·························· 160

11.3　济南市城市生态软实力建设的实践 ··············· 161

11.4　评价方法与数据来源 ····················· 169

第12章　评价结果 ························ 171

12.1　发展水平在全省处于前列 ·················· 171

12.2　生态形象逐年向好 ····················· 172

12.3　生态文化建设势头强劲 ··················· 174

12.4　生态制度全面领跑 ····················· 175

12.5　生态活力基础牢固 ····················· 176

第13章　济南市生态软实力发展存在的不足 ············· 178

13.1　城市形象与宣传困境 ···················· 178

13.2　城市文化建设存在的问题 ·················· 180

13.3　城市治理不够精细高效 ··················· 181

13.4　企业软实力有待进一步提升 ················· 182

第14章　济南市生态软实力建设展望及对策 ············· 184

14.1　继续加强城市形象宣传 ··················· 185

14.2 加快非遗名城建设，促进创意产业发展 ·············· 188

14.3 激活黄河文化软实力 ····································· 191

14.4 增加文化活动，促进文化产业发展 ·················· 193

14.5 制度建设持续发力，提升软实力 ····················· 195

14.6 巩固生态优势，设法补齐生态形象短板 ············ 196

14.7 促进企业创新 ·· 197

14.8 数字赋能文化"出海" ································· 198

参考文献 ·· 200

第1篇　黄河流域城市生态软实力研究

第1章 导　　言

1.1　研究背景与意义

1.1.1　研究背景

1. 生态文明建设成为地区抓手和竞争力的来源

自党的十八大召开以来，在以习近平同志为核心的党中央的坚强领导下，我国将生态建设作为推动"五位一体"总体布局和协调发展的关键组成部分。生态建设从提出之后，各地就积极开展了实践。此后，国家更是多次强调了生态建设的重要性。党的十九大报告指出，随着我国经济已由高速增长阶段转向高质量发展阶段，建设生态文明成为中华民族永续发展的千年大计。党的二十大报告强调，必须站在人与自然和谐共生的高度谋划发展，"推进美丽中国建设，坚持山水林田湖草沙一体化保护和系统治理，统筹产业结构调整、污染治理、生态保护、应对气候变化，协同推进降碳、减污、扩绿、增长，推进生态优先、节约集约、绿色低碳发展。"

2015 年 4 月 25 日，中共中央、国务院发布《关于加快推进生态文明建设的意见》，提出将绿色发展转化为新的国家综合力量、综合竞争力和国际竞争优势。这一举措为我国生态文明建设的经验总结、软实力的提升以及对他国的影响提供了基础。我国处于迈向第二个百年奋斗目标的关键阶段，党的二十大报告明确了全党的中心任务是以中国式现代化推进中华民族伟大复兴，并把"人与自然和谐共生的现代化"作为基本要求和特征，强调要"坚定不移地走生产发展、生活富裕、生态良好的文明发展道路"，再次对如何塑造人类生态文明建设新形态、持续扩大和拓展其国际影响力提出了内在要求。可以说，在"五位一体"总体布局框架下，进一步增强生态文明建设的成就影响、理念影响、制度影响和推进模式影响，可以成为积极参与全球治理、提升我国国家地位的有效途径。

在此背景下，中国生态环保取得了历史性成就，生态系统的质量和稳定性持续提高，公众对优良环境的需求得到了明显满足。中国在这一领域的成就，不仅为全球气候变化和可持续发展做出了贡献，其创新的工作理念和体制改革路径，如"绿水青山就是金山银山"，也为经济社会发展的绿色转型、国土空间的优化开发、山水林田湖草沙的一体化治理与修复、节能减排和污染防治等提供了中国智慧和中国方案，成为中国特色社会主义制度优势和软实力的重要体现。

从国内来看，我国社会发展的主要矛盾已由"人民日益增长的物质文化需要同落后的社会生产之间的矛盾"转化为"人民日益增长的美好生活需要和不平衡不充分的发展之间的矛盾"。通过加大生态环境治理投入和加快体制机制改革，满足人民群众"天更蓝、山更绿、水更清"的生活需要，已经上升为各级部门的共同政策目标。近年来，各地区各部门结合自身实际，深入贯彻落实国家生态文明建设要求，围绕生态保护与修复、生态产品价值实现等重点任务，在改革政绩考核评价导向、完善监管体制、创新监管形式、探索投融资模式、鼓励多元主体参与、开发新型生态产品等领域做出了深入而系统的实践探索，不仅为地方区域经济社会发展注入了新的增长动力，更在转变发展模式、树立区域新形象、提升各地长期可持续发展能力等方面探索出各具特色的成功路径。整体来看，以生态品质、生态形象、生态文化、生态活力等为主要内容的区域生态软实力，正在成为各地区的政策抓手和竞争力来源，这既是党的十八大以来我国执政理念落地生根的生动体现，也符合区域经济提档升级的内在规律。

2. 黄河流域生态保护是重要国家战略

"黄河宁，天下平。"早在 2014 年，中共中央、国务院出台了《国家新型城镇化规划》，我国城镇化发展进入新阶段，并且明确了黄河流域的重点发展区域。作为我国重要的生态屏障和经济地带，黄河流域的生态问题和生态建设在全国生态建设中占据重要地位。黄河流域从西到东横跨我国由高到低的三级阶梯，贯穿九个省区，构成我国重要的生态安全屏障。黄河流域同时也是我国人口活动、经济发展的重心，2021年，黄河流域九省地区的生产总值占国内生产总值的25.31%，人口总量占全国人口总量的23%，因此黄河流域生态保护和高质量发展对我国经济社会发展和生态安全具有不可替代的重要作用。

然而，现代经济的发展依赖能源的消耗，长期支撑经济发展的能源过度使用导致了二氧化碳排放的增多，进而导致了众多生态问题。同时，黄河流域各区域发展呈现不平衡不充分的局面。在黄河流域上游地区分布着高原冰川等地貌、中游地区有黄土高原地貌和下游地区的黄河三角洲地貌，这些地区都极易发生生态退化，且恢复难度极大、过程漫长。同时黄河流域的经济发展及其周围环境的变化都影响着整个流域的生态环境状况，黄河流域各地高质量发展不充分，各地区产业发展偏向重工业和农牧业，产业耗能排污过剩，对生态环境存在极大的考验。黄河流域地区生态脆弱，自然灾害尤其是水害频发，流域内水资源过度超载、空间格局不均衡，复合型和结构型水污染特征明显，水生态系统严重退化，因此，黄河流域面临着生态环境恶化、资源短缺等一系列问题。黄河流域生态文明建设是国家生态安全总体规划布局的关键一环，2018年，习近平总书记在视察黄河流域后，主持召开了黄河流域生态保护和高质量发展座谈会。2019年5月，中共中央、国务院印发了《关于实施黄河流域生态保护和高质量发展的意见》，提出黄河流域旨在加强生态保护，推动产业转型升级，提高基础设施建设水平，加强科技创新，促进区域协调发展。中共中央、国务院印发的《黄河流域生态保护和高质量发展规划纲要》提出阶段目标，即"到2030年黄河流域生态共治、环境共保、城乡区域协调联动发展的格局逐步形成。到2035年黄河流域生态保护和高质量发展取得重大战略成果。"黄河流域的高质量发展不能片面追求经济高质量发展，更要追求在开发中保护，以生态为基础，在保护发展的协同推进中实现生态保护与经济发展的双重目标。

2019年9月18日，中共中央总书记、国家主席、中央军委主席习近平在郑州主持召开黄河流域生态保护和高质量发展座谈会并发表重要讲话，他强调，黄河流域是我国重要的生态屏障和重要的经济地带，是打赢脱贫攻坚战的重要区域，在我国经济社会发展和生态安全方面具有十分重要的地位。保护黄河是事关中华民族伟大复兴和永续发展的千秋大计。黄河流域生态保护和高质量发展，同京津冀协同发展、长江经济带发展、粤港澳大湾区建设、长三角一体化发展一样，是重大国家战略。该战略不仅是治理大江大河的重要标杆、国家生态安全的一道屏障；更是实现高质量发展的实验区，同时也承载着中华文化传承的重任。如何围绕生态保护这一重大区域战略主题，不断创新推进模式与实施机制，持续激活全流域"共同抓好大保护、协同推进大治理"的内生动力，深入彰显黄河流域的高质量发展特色及其实现路径的标杆作用和示范意义，是贯彻落实党中央决策部署的关键。山东省东营市、济宁市等地区以"国际湿地城市"创建为抓手，不仅探索出城市转变发展方式的典型经验，也为扩大城市影响力、增强区域经济高质量发展的稳健动力提供了参考。因此，将目前黄河流域各地区积极推进生态保护的成就和制度创新效应提升到生态软实力的高度，对于进一步凝聚理论和实践共识、更有针对性地引导各地区把绿色转型发展转化为自觉行动、加快探索生态赋能城市高质量发展的创新路径，并更好地解决黄河流域面临的一系列重大共性矛盾，如水资源短缺、生态脆弱、洪水威胁、高质量发展不足、民生发展不足等，具有鲜明的现实意义和时代价值。

1.1.2 研究意义

本书通过提出"生态软实力"这一概念，并对黄河流域进行实证研究，揭示黄河流域城市生态软实力发展变化的同时，分析地区之间的空间相关性，提出城市生态软实力的路径，其研究意义主要有以下两大方面。

理论意义。生态软实力是本书在综合考虑城市和区域发展的一般规律、既有实践所取得的经验共识以及各地区依然存在的推进目标性、整体性、自觉性不强等现实问题的基础上，首次归纳形成的创新性命题。在本书中，我们将深入探讨软实力以及生态软实力的概念，通过对相关文献的细致梳理和系统分析，不仅试图明确这一理论框架的科学内涵与实际应用价值，而且还将着力论证其在现实世界中的具体体现和应用案例。我们的研究目的在于为未来的实证研究提供坚实的概念基础，从而促进学术研究的深入发展。此外，本书特别关注黄河流域生态软实力的探讨，期望通过实证研究的方式，构建一个全面的分析评价框架。该框架旨在从学术话语体系出发，挖掘并利用现有知识资源，创新研究视角，引导学术界形成新的、具有实践意义的研究领域。我们相信，这样的理论探索不仅能够丰富软实力的理论内涵，而且对于推动可持续发展和环境保护等重大议题的解决具有深远影响。

实践意义。本书将结合国家重大区域战略的实施需求，开展黄河流域城市生态软实力的综合评价、问题识别与对策建议研究。一方面，有助于以生态软实力提升为导向，引导黄河流域乃至全国其他地区建立新的政策目标，进一步增强各地区生态文明建设的自觉性，推动国家战略的落实落地；另一方面，本书以生态软实力量化评价所反映出的各维度问题，有针对性地提出具有前瞻性和可操作性的措施建议，对于完善国家相关政策和指导各地区规划建设，也具有参考借鉴价值。最后，为缓解黄河流域生态问题提供参考。通过测算黄河流域沿线城市的生态软实力，了解黄河流域上中下游生态软实力现状，探索黄河流域城市提高生态软实力的路径，为后续当地经济社会发展政策的制定提供理论基础。分析黄河流域城市生态软实力之间的空间相关性，使各个地区在保障生态环境安全的前提下，确定符合当地基本情况的生态发展策略，缓解经济快速发展给生态环境带来的负担，做到因地制宜制定政策，科学管理发展路径。

1.2　主要研究内容

本篇在生态文明建设背景下阐述城市生态软实力建设的本质内涵，广泛梳理国内外城市生态软实力的相关理论和路径模式，并构建城市生态软实力的研究框架和方法体系，然后评价了黄河流域城市生态软实力，最后提出黄河流域城市生态软实力建设的抓手和任务，以及对策措施。

1.3　研　究　框　架

根据上述研究内容，遵循"提出问题—阐述理论—构建方法—实证研究"的思路展开相关研究。即通过阐释生态软实力的本质内涵，结合生态城市建设经验，构建市生态软实力建设测度指标体系，选择相关模型在时间尺度上测度黄河流域城市生态软实力演化过程，在空间尺度上分析其空间分布规律，进一步挖掘流域内不同省份和城市之间的空间相关性；最后，针对研究的实证结果分析城市生态软实力的任务导向和主要抓手，探究城市生态软实力提升对策。具体研究路线如图 1-1 所示。

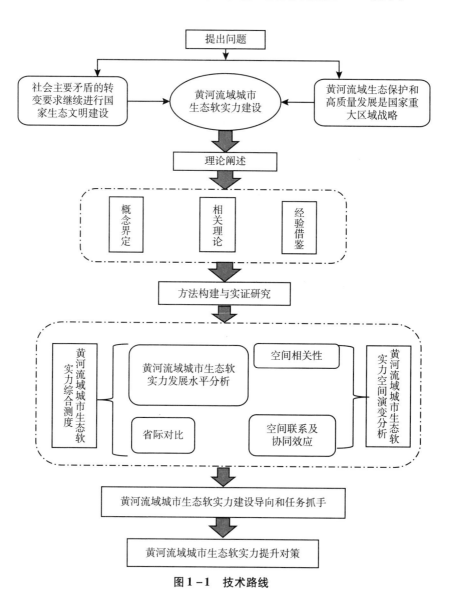

图 1-1 技术路线

第 2 章 理论基础

2.1 概念内涵界定

2.1.1 软实力

1. 软实力概念与内涵

软实力的理论基础和实践应用已经经历了多年的演进，其定义和理解不断深化。随着时间的推移，软实力不仅被学者们广泛探讨，也逐渐成为国际关系、外交政策乃至全球治理中的一个关键议题。在全球化的背景下，软实力以多种形态渗透到各国的战略规划之中，它不再仅仅是一个抽象的概念，而是与经济、军事等传统力量同等重要的国家竞争力构成部分。软实力的研究也不断转向更为多元化的领域，尤其是在文化传播、政治制度创新以及公共形象构建等方面。这些领域的探索不仅丰富了对软实力概念本身的认识，也为政策制定者提供了更多切实可行的策略。如通过对文化影响力的分析，可以了解如何在国际舞台上塑造国家形象，而制度改革则展示了如何通过改善内部治理来提升国家的国际地位。

软实力是相对于硬实力而言的，美国国际政治学者约瑟夫·奈（Joseph Nye）最早提出软实力概念，强调文化、政治价值观和外交政策作为其主要资源。他在《注定领导世界：美国权力性质的变迁》一书中提出了由命令、强制、引诱、议程设置、吸引、拉拢六种主要权力行为构成的概念，前三者归于硬实力范畴，后三者归于软实力范畴，划分的标准在于各种权力所依赖的资源。后来，约瑟夫·奈在《全球信息时代中的权力》一书中总结了软实力和硬实力，软实力，比如文化、社会制度和意识形态，与无形的权力资源相关，反过来，硬实力，比如军事基础、社会经济基础，通常是有形的力量。因此，软实力与硬实力形成鲜明对比，后者依靠经济、军事和自然资源等有形资源来施加影响。软实力的本质在于其非强制性的影响力，它通过文化魅力、价值观念和制度等非物质资源，使其他国家和民众自愿接受并支持某一行为主体的立场和决策。软实力理论对当今世界政治的行为范式产生了重大作用力，作为一种重要的资源力量，软实力的行为主体和行为方式不断渗透到政治运作中，成为各国互动中日益重要的维度。

从广义上来看，软实力是文化和意识形态吸引力体现出来的力量，文化或文明是一个复合整体，其中包括知识、艺术、信仰、法律、道德、风俗以及作为社会成员的人所具有的一切其他能力和习惯。因此，软实力往往被称为文化软实力。后期，软实力一词被广泛应用于政治、经济、科技、生态环境等制度建设各个领域，并把软实力引申应用于政府、行业组织、企业等主体，在地域范围上也区分为国家、地区等层级。

随着中国国际地位的变化以及国际竞争的需要，围绕软实力形成的战略思维已经在中国现代化发展中产生巨大作用力。王沪宁（1993）较早在中国语境下提出软实力的概念，他指出那些具有生命力和创造力的文化资源是软实力的来源之一。同时，阎学通和徐进在2008年发表的《中美软实力比较》一文中定义软实力为一国的国际吸引力和国际、国内动员力，并尝试将其量化，以评估不同国家在国际舞台上的影响力。胡键（2011）则进一步强调了文化资源在软实力中的重要地位。他认为，软实力是受动者主动接受或者主动分享而产生的一种影响力、吸引力，而不是靠强制力来实现。此外，唐代兴（2012）进一步拓展了软实力的内涵，提到制度活力、政治取向等多个方面都是构成软实力的重要元素，这些因素共同塑造了国家的整体吸引力，影响着其在全球范围内的行为和地位。随着社会的发展，信息技术的迅猛进步也给软实力的概念带来新的维度。在信息时代，对信息的控制和传播能力成为影响国家软实力的关键因素。这反映了软实力随时间和环境的变化而逐渐演变和扩展的特性。总体而言，软实力作为一种深具影响力的非物质资源，促使国家行为不仅仅依赖硬资源，而是越来越多地运用文化和价值观来实现其国际政策目标。

综上所述，软实力是包括价值观、文化、制度、科技、治理等在内的软性优势和独特魅力，与资源、环境等硬实力互为支撑，是战略制定和区域治理的重要体现。黄河流域是中华文明的发祥地之一，其文明所展现的综合软实力一直是经济增长的动力源泉，引领社会全面进步。

2. 软实力与硬实力的关系

首先，软实力与硬实力这两个概念在当今的国际关系中扮演着至关重要的角色。它们不是孤立存在的，而是相互影响的。约瑟夫·奈就曾指出，软实力与硬实力之间有着密不可分的联系，这两种力量构成了衡量国家国际影响力的重要维度，并且都是实现国家目标的关键工具。以世界各国为例，无论是追求经济增长还是提升文化影响力，无论是软实力还是硬实力，单凭其一都难以发挥其应有的作用。因此，一个国家或地区想要取得长远发展，就必须将软硬实力相结合，通过综合运用两者的力量来制定战略和措施。

其次，软实力和硬实力之间的相互作用更为复杂。软实力拥有一种独特的"硬核"效应，在城市乃至国家的发展过程中表现得尤为明显。这种影响力首先体现在文化的魅力上，它能塑造城市的个性与吸引力；其次是城市形象的塑造，一个城市的形象往往能够吸引更多的人才和投资；最后是创新活力和社会包容性，这些都是城市发展不可或缺的软力量。而硬实力则是社会系统中有形的、可触摸的力量，它承载着坚实的基础和决定性的作用，为地区或国家的发展提供了物质条件。在这个基础之上，硬实力对软实力产生决定性影响。

然而，仅有硬实力并不足以保证一个国家的持续繁荣。在不断演进的世界中，软实力不仅是连接过去与未来的桥梁，也是一种不可或缺的粘合剂。当物质资源的积累达到了一定的规模和质量水平时，软实力就显得尤为重要。它能够通过创造性的方法有效地整合这些资源，提升其利用效率，进而促进硬实力的持续增长和发展。这一过程不仅仅是简单的叠加，而是一个有机整体的互动与协调。同时，面对时代巨轮的滚滚向前，人们对于生活品质的追求已不再局限于基本的生存需求，更多地转向对精神层面的满足。软实力在这一转变中扮演着至关重要的角色，它不仅能满足人民日益增长的精神需求，还能增强国民的凝聚力和向心

11

力。这种力量来自文化、教育、艺术等领域的共同努力，它们为社会提供了丰富的精神食粮，使个体和集体在情感上更加紧密相连。因此，软实力具有重要影响，它已经成为塑造国家形象、增进国际交流以及推动社会进步的关键因素。

综上所述，软实力与硬实力虽然各自具有独特的功能和重要性，但它们之间的相互补充、相互促进是国家发展和国际竞争的必然选择。未来的国际舞台上，如何平衡这两者的关系，将是各国政府和国际组织面临的重大挑战。只有不断深化理解这两者的内在联系和互动机制，我们才能在全球政治经济格局中占据有利位置，推动人类社会向着更加公正、和谐的方向迈进。

2.1.2　生态的内涵

生态的概念可以追溯到 19 世纪 50 年代末，由古希腊哲学家索罗首次提出，在他的著作《沉思录》（*Meditations*）中他阐述了"万物都是相互关联的"这一哲学观点，这种观点为后世生态学提供了坚实的基础。19 世纪 60 年代，法国博物学家雷切特在此基础上对生态这一概念进行了进一步的发展，在继承古希腊生态思想的基础上，进行了进一步的发展，并将其系统化和理论化，最终形成了"生态学"的理论框架——雷切特的生态学理论，本质上是一种将环境、生物及其相互作用整合起来的科学方法。他认为，人或者动物的生存离不开一定的自然环境，从此，生态学的研究由原来对动植物的观察拓展到了对人类环境的深入探讨。

在中国，虽然"生态"这一词汇尚未普及，但传统文化中已经蕴含了丰富的生态理念。中国古代思想家孔子就曾在《易传》中的《序卦》中提出"有天地，然后有万物；有万物，然后有男女"的观念，强调天地自然是万物的创造者，也是所有生命的源泉。这种哲学思想，经过世代人的传承与发展，已经深深根植于中华民族的文化土壤之中，形成了中华民族独特的生态智慧。生态被视为一个复杂而又微妙的系统，它不仅包括了我们所熟知的生物多样性，还涵盖了自然界中各种相互作用的要素。在这个系统中，生物与环境紧密相连、相互影响，共同构成了一个动态的平衡体。在现代社会，随着工业化和城市化的快速发展，人类活动对自然环境造成了巨大压力，使生态问题日益凸显。然而，中华传统文化中对于生态的认识，提醒着人们要尊重自然规律，保护好我们赖以生存的自然环境。它教导我们，每一个生命个体都应该以谦卑的态度与自然相处，通过实践"天人合一"的生活方式来实现自我修养和社会和谐。这样的生态理念，无疑为当代社会提供了丰富的资源和精神财富，引导着人们走上可持续发展的道路。

当代社会中，随着人们对环境问题日益关注，生态思想和理念已经成为推动可持续发展和建设绿色家园的重要力量。它教导人们要尊重自然规律，保护自然环境，实现人与自然的和谐共生。因此，生态的内涵得到了外延。生态一词，开始包含了自然环境、个体所处的环境，也就是涵盖了自然环境、非物质环境等生态环境。同时，生态能够表示和谐、良好的状态，而且也是能够保障环保价值的取向。进一步从广义上看，生态主要包含自然环境、关系环境，并且通过客观、蔓延性的状态存在。

当前在中国，"生态"一词已经深入渗透到各个领域，其所覆盖的范畴也越来越宽泛。其中最为广泛的研究就是生态文明。生态文明是人类工业文明之后的全新里程碑。将生态与文明两个概念有机结合在一起，包含基于生态的对"人与自然"关系的思考和基于文明的对"人与人"关系的思考。人类文明，即人类在改造世界的过程中所表现出的一种发展进程和状况。纵观整个人类的发展历程，从远古时代开始，人类就一直在依赖着自然。就像马克思在《自然辩证法》中所阐述的那样，人是由自然而来的，在这个时候，人们对自然的认识是非常有限的，他们对自然充满了敬意。随着人们之间的交流越来越少，人类的社会也在不断地发生着变化，从一种原始的文明过渡到了农业文明，人们已经可以精确地把握自然规律，并且根据自然规律来进行劳动。在这种情况下，在原始和农业文明的时候，自然支配着人类，人们改造自然的能力有限，同时人类对生态环境的破坏也很微小。随着人口规模的增长和人类对利益最大化的追求，较低的生产水平已经不能完全满足人类的需要。于是，一场生产科技的革新开始了，使生产力得到了飞速的提高。人们渐渐不能满足于吃饱穿暖，而对资本的利润进行了持续的追逐，从而使人类从农耕时代迅速地步入了工业时代。在这种情况下，自然环境成为了人们获取经济收益的主要手段，人们大肆攫取自然资源，导致环境污染在世界范围内蔓延，能源耗竭，生物灭绝。在全球范围内，生态危机的爆发使人们认识到，一味地追求短期的经济增长，对环境的污染和资源的浪费是不可持续的，因此，人类社会需要一场新的革命。人类深刻认识到人与自然关系是当前人类社会发展需要首要解决的问题，如何实现人与自然的和谐共生是全球性的时代课题。生态文明已经成为生态环境保护研究的重要组成部分。

2.1.3　生态软实力的内涵

黄河流域作为重要的生态区域，软实力的构建显得尤为关键。生态领域的软实力建设会强化地区硬实力。生态领域的软实力，即在保护自然资源的同时，通过科技进步、文化弘扬等多方面的努力，构建起一套系统、科学的管理和发展模式。它不仅要求我们对自然的每一份馈赠都要珍惜并加以维护，而且还要不断探索如何将这些资源转化为推动地区经济社会发展的强大动力。这种软实力的构建，能够有效地提升区域内各方面的硬实力，包括但不限于环境质量的改善、生态产业的发展以及居民生活水平的提高。更进一步地说，生态软实力的构建还意味着我们应当积极寻求人与自然的和谐共生之道。通过教育引导、政策支持、公众参与等多种途径，使人们树立正确的生态理念，形成良好的生态道德风尚。只有当每个人都成为生态文明建设的参与者和受益者时，整个黄河流域乃至中国的生态文明才能真正实现。

党的十八大以来，生态文明建设在全局工作中处于突出位置，特别是习近平生态文明思想的提出开辟了马克思主义人与自然关系理论新境界，把建设生态文明与创造人民的新生活结合在一起，是面对既要发展经济又要保护环境双重挑战而做出的一项重大决策，彰显了当代中国在全球生态文明建设的责任担当，主张立足于总体国家安全，以人类命运共同体理念为引领共谋全球生态安全共同体建设。生态软实力概念由此得以成立，其以生态文明思想为理论基础和行动指南，重点展现生态文明建设体系所形成的影响力、协同力和创造力。

目前，生态软实力的相关研究尚处于探索阶段，王晨（2019）认为生态软实力构建为生态文明建设提供源泉动力，并指出生态软实力建设应聚焦生态文化、生态意识和生态制度。《上海资源发展报告》

（2010）围绕如何增强城市生态软实力进行深入剖析，从生态品质、生态文化及生态话语权三大方面对上海生态软实力进行详尽的量化评估与探索。其中，生态品质作为软实力的根基，构筑起坚实基础；生态文化体现其核心价值，为软实力注入深厚内涵；而生态话语权则展示了上海生态软实力的国际影响力与竞争力，展现城市的国际地位。可以看出，生态软实力是一个包含多维度、多层次的概念。由此，本书将生态软实力界定为在生态文明建设过程中，包括物质、精神、制度在内的，以推动人与自然和谐共生为价值导向的能力。

具体来看，生态软实力具有以下特征：

一是要围绕人的需求来构建生态软实力。人始终是人与自然和谐共生的重心，通过生态软实力的提升来满足人民的美好生活需要，提升人民群众的幸福感，因此生态软实力体现为生态的发展以及由此给人们带来的感知度和获得感的提升。例如，空气清新、水质纯净、生物多样性丰富的自然环境会让人感受到更加健康和舒适的生活条件；而干净的水源、清洁的能源供应、完善的公共设施等则会提升人们的日常幸福感。这些都是生态软实力体现出来的美好成果。生态软实力的构建深刻影响着当代价值观念变革和社会治理方式的更新，为全面理解和评估生态软实力提供了新视角和新框架。生态软实力的构建不仅仅是一种外在的经济指标，更是内在价值观的体现和社会治理模式的革新。它要求我们重新审视传统的生产消费模式，转向更加注重生态保护和可持续发展的路径。这种转变不仅是技术层面的革新，更是价值观念的更迭，它鼓励我们以新的视角看待世界，倡导更加人性化、绿色化的社会治理。

二是提升生态软实力，要以生态硬实力为支撑。生态硬实力指生态空间规模、生态环境治理以及生态基础设施建设等可物化的对象，有形的生态硬实力是生态软实力的载体，生态软实力所体现的文化影响力、政治吸引力、市民凝聚力、环境舒适力、形象亲和力等力量是生态硬实力的无形延伸。生态软实力的形成离不开各类生态资源的充分供给，需要通过优良的生态要素向外传播与展示。生态软实力的构建，是一个复杂而又精密的过程，它依赖于众多生态资源的有效供给。这些资源不仅包括但不限于水、土地、森林、野生动植物等自然资源，还涵盖了文化遗产、环境教育和可持续发展实践等软实力元素。它们共同作用，塑造了生态系统的健康与活力，同时也形成了一种无形的力量，向外界展示我们的生态文明水平。这股力量通过各种形式得以传播和推广，比如通过自然保护项目、生态旅游、环保宣传活动以及绿色生活方式的倡导，让更多人了解并认同生态软实力的重要性，进而促进全球生态环境的改善与可持续发展目标的实现。因此，只有当生态硬实力奠定良好基础，我们才能真正拥有强大的生态软实力。

三是文化是提升生态软实力的核心要素。生态文明是马克思主义生态观与中国传统生态智慧的综合，也是生态软实力建设的内核所在，主旨是倡导人与自然和谐共生、协同发展，扭转高污染、高耗能、高排放等传统生产模式，做到充分尊重生态环境，倡导节约资源、绿色低碳、文明健康的生产生活方式和消费习惯。生态文化为正确处理人与自然关系、解决生态环境领域突出问题、推进经济社会的绿色低碳转型发展提供内生动力，有着润物细无声的深远影响。生态文化的构建和弘扬，不仅仅是对人与自然和谐共存理念的一种彰显，更是一种深刻的生活态度和实践。它在无声之中影响着人们的行为方式、价值观念以及日常生活的方方面面，通过这种潜移默化的力量，逐渐渗透进每个人的心中，引导社会各界形成一种绿色发展的共识，共同推动经济社会向更加绿色低碳的方向转型升级。它的影响力不是立竿见影，而是像细雨滋润大地，慢慢地改变着我们赖以生存的环境，为实现可持续发展提供了坚实的文化支撑和动力源泉。

2.1.4 城市生态软实力的内涵

城市是人类对自然环境干预最强烈的地域，也是资源环境制约最强烈、居民最关心、生态环境建设最迫切的地域，更是展现生态软实力真实水平的核心区。对于黄河流域的城市来说尤为如此，黄河流域内的资源型城市和老工业城市占比超过了50%[①]，环境污染和生态保护压力巨大，生态软实力建设刻不容缓。

城市生态软实力是生态软实力在城市地域的映射，也是实现城市持续稳定发展的必由之路。城市文明是人类利用自然、改造自然的最高成

---

① 卢硕、张文忠、李佳洺：《资源禀赋视角下环境规制对黄河流域资源型城市产业转型的影响》，载于《中国科学院院刊》2020年第35卷第1期。

果，城市在创造物质财富的过程中所形成的精神财富是人类社会进步的标志。现有研究更多强调城市在经济、文化等领域的软实力建设，仅把城市生态软实力作为其中维度之一，这是一种基于工业文明范式的城市软实力建设观。事实上，从城市形成之初，"田园城市"（Garden City）、"广亩城市"（Broadacre City）、"光明城市"（La Ville Radieuse）、"城市有机疏散"（Organic Decentralization）等城市规划理论已经对此做出设计，并渗入城市建设的方方面面。城市生态文明已经成为决定城市竞争力的首要条件，是城市形成与发展的主导区位因素。

当下，城市生态软实力建设是基于现实补短板的需要，城市越发展，人口、经济活动越密集，生态问题往往越严重；城市规模越大，生态承载压力越大。许多城市都不同程度面临着生态资源紧张、环境污染严重等生态环境共性问题。随着我国经济由高速增长转化为高质量发展阶段，城市的发展路径也发生了深刻变化，更加强调生态和城市生产生活方式的耦合性。在这样的大环境下，城市的生产活动不再是孤立的，而是与居民的生活方式紧密相连。城市规划者和管理者们越来越认识到，要想实现高质量的发展目标，就需要将生态保护纳入城市规划中，让生态系统为人类的日常生活提供服务。通过这种方式，城市不仅能够维持其自然之美，还能够促进人与自然的和谐共处，从而为居民创造一个更加宜居、健康和可持续的生活空间。

总之，城市生态软实力的建设是城市发展战略的核心组成部分。它要求我们重新思考如何在追求经济效益的同时，保持和提升城市的生态品质，使城市成为一个既生机勃勃又可持续发展的地方。只有这样，才能确保我们的后代能够继续享受到清洁的空气、清新的水以及优美的自然环境，这是每个城市都应承担起的责任。

基于此，本书从生态文明范式出发，将城市生态软实力定义为城市在竞争环境下，以生态资源为先导的城市价值认同与转化能力，涵盖城市风貌、居民生态意识与生态行为选择、政策治理等非物质要素，具体体现在城市生态形象、城市生态文化、城市生态制度、城市生态活力等维度。

1. 城市生态形象彰显城市吸引力

城市生态形象是城市对内、对外展示生态文明建设水平的剪影，主要通过城市风貌、城市生态符号、居民生态素养与获得感等传递，表现为生态知名度、生态美誉度、生态满意度等。从城市生态知名度来看，著名的全球城市都有标志性的生态人文景观，如纽约的中央公园、伦敦的海德公园、巴黎的塞纳河左岸（圣克鲁国家公园）等。生态知名度是吸引外部人员、资金等注入的重要因素，甚至构成城市区位的决定因素；城市生态美誉度作为城市对外传播的一种策略，发挥自身生态优势，将城市生态符号化；城市生态满意度是城市居民对本地生态服务的感知，是居民的生态服务需求与生态服务供给的匹配程度，也代表了对生态资源的价值权衡。

21世纪以来，网络技术快速发展，城市形象的概念得以不断延展，其终极形态逐渐演变为城市IP，即：客观"城市"作为媒体传播内容，与内容接受客体"用户"，如读者、观众等联系更为紧密，在极大程度上城市形象转变为用户的主观感受，是人对城市生活方方面面的综合体验，即更有观感、记忆点、辨识度、创新性的"故事"。

与此同时，随着新媒体迅速发展，社交媒体平台（如微博、微信等）、短视频平台（如抖音、快手等）、直播平台（如斗鱼、虎牙等）层出不穷，虚拟现实（VR）、增强现实（AR）等新技术的出现，深刻变革了社会，城市形象的建构和传播也发生了翻天覆地的变化。以新媒体为传播主体的网络环境，重新诠释和审美再造了城市形象。人们利用网络社交视频平台将图像、文字、音乐等多种元素有效结合起来，更具有吸引力，也更能提升受众浏览兴趣；同时，通过定制化、智能化的信息传播机制，短视频平台快速精确匹配用户与信息，各平台一键分享的附加功能提升了信息传播效率，降低了信息获取成本。

2. 城市生态文化彰显城市影响力

城市生态文化是城市文明的重要组成部分。城市在长期的发展过程中，由于受到地理分布、环境状况以及其他条件等各种因素的影响，形成了具有鲜明特色的生活方式、价值理念、风俗习惯与文化艺术传统，这种文化具有明显的地域传承性，城市生态文化展现了城市社会各方面力量对生态文明建设的认同，居民作为城市生活的主体，他们对生态保护有着深刻的认识和积极的行动。如居民自觉参与环境保护活动、践行绿色生产生活方式。政府作为管理机构，同样承担着推进生态文明建设的重要责任。它们通过制定相关法律法规、财政投入、技术支持等手段，为城市的生态保护提供了坚实的制度保障。例如，实施严格的污染排放标准，鼓励清洁能源使用，建设生态公园和绿地系统，这些举措都直接或间接地推动了城市生态文化的发展。

总而言之，城市的生态文化是一个复杂而多维的概念，它涵盖了自然环境的保护、社会经济的可持续发展、民众意识的提升以及文化艺术的传承与创新。只有当每个个体、企业和政府机构都能积极投身其中，我们才能真正构建出一个人与自然和谐共生的美丽城市。

3. 城市生态制度彰显城市保障力

城市生态制度彰显城市保障力。城市生态制度是生态文明建设和生态软实力建设中的不可缺少的环节。城市生态制度具体体现在两个方面：一是政府在生态软实力建设上的大量投入。这包括但不限于资金的注入、政策的制定以及人力资源的配置。这些投入不仅是对城市生态文明建设的有力支持，更是对生态环境保护意识提升的一种促进。二是体现为对城市生态软实力建设的重视程度。随着互联网技术的飞速发展，信息传播变得更加迅速和广泛。通过网络等新媒体平台，积极推广其生态软实力建设的理念，提高了公众对于生态环境保护的认知和参与度。这种以网络为媒介的宣传方式，极大地增强了城市生态软实力建设的影响力，使得生态文明的理念深入人心。

4. 城市生态活力彰显城市创造力

城市生态活力指依托城市生态资源创造新的价值的能力和动态成长性。具体体现为：一是合理开发利用城市生态资源，通过发展绿色工业、生态旅游等生态产业，提供高质量且多样化的生态物质产品和生态调节服务，使城市生态产品的价值得到认可，实现生态资源的合理配置，这是城市生态活力价值的直接体现。二是创新生态服务价值实现方式，借助生态产品认证、生态资源权益交易、资源产权流转等模式，实现生态价值增值和价值溢出。通过生态产品认证机制可以为生态产品提供一个权威的认证体系，确保消费者购买到的生态产品是真正有益于生态平衡的。同时，生态资源权益交易平台可以让生态资源在市场上流动起来，实现其价值的最大化。资源产权流转模式则允许将生态资源所有权进行转移，激发社会资本投入生态保护中，形成一种互惠共赢的生态发展模式。这些创新方式的应用，将有助于提高生态服务价值的可见度，进而促进生态价值的增值和价值溢出效应，使城市生态建设走上更加可持续和高效的发展轨道。

2.2　相　关　理　论

2.2.1　生态学的发展

生态学最早出现于公元 16 世纪之前，人类在生产活动中开始注意到了生物和环境之间的关系，积累了有关生态特征的生态学知识，但是并未形成系统成文的科学体系。1869 年，德国著名动物学家赫克尔（Emst Heinrich Haeckel）在《有机体普通形态学》（*Generelle Morphologie der Organismen*）一书中首次提出了 "Ecology" 这一术语的定义，并于 1886 年创立了生态学这一门学科。赫克尔将生态定义为：各种生物群体和它们生活的环境，即生物群体和它们生活的环境的关系。他认为生物群落是一种紧密相连的关系，其生存与发展取决于它所生活的环境。所以，为了使自己得到更好的发展，生物社区应该积极地负起保护自己生活的环境的责任，这种观念是伴随着社会生产力，尤其是在工业社会中逐渐发展起来的，因此也得到了所有人的认可。

生态学的发展历程可以分为：建立期、成长期和现代生态学。公元 18 世纪初到 19 世纪末，生态学开始发展成为一门相对独立的学科，这是生态学的建立时期。生态学最早应用于动物生理生态学，一些动植物学家研究地理条件对动植物种群分布的影响，促进了生态学的发展成熟。进入 19 世纪后，生态学得到了很快发展并且不断成熟，1895 年达尔文的《物种起源》一书里程碑式地促进了生物和环境的研究，使一些生物学家开始了环境的生态学研究。瓦明的《植物分布学》和施姆普的《植物地理学》归纳了 19 世纪末前的生态学研究，宣示了生态学作为独立分支而诞生。20 世纪初，动植物生态学兴起，推动了生态学的发展，生态学进入成长期，涌现了大量相关著作。在 20 世纪 60 年代到 70 年代时期，由于人类社会的发展，环境、资源、人口等问题不断显现，人们开始审视自己的发展模式。生态学的发展也由此由传统阶段转变到现代阶段。在这一时期，《寂静的春天》和《增长的极限》两本著作的发表，使人们意识到了城市化和工业化发展所引发的环境及资源问题是全球性的问题，将严重影响人类的未来发展。《增长的极限》一书中明确指出，环境问题不仅是一个技术问题，同时也是一个社会经济问题。为了应对环境问题所带来的危机，国际社会和各国政府致力于推动社会、经济与环境的可持续发展。1972 年，联合国便通过了著名的《人类环境宣言》，强调了人类对地球环境所承担的责任。1992 年，里约热内卢举行的"环境与发展"会议上，各国领导人通过了《里约环境与发展宣言》，并制定了《21 世纪议程》等文件，确立了世界各国保护和改善环境的庄严承诺，以及迈向可持续发展的方向。

由此，起源于生物学的生态学成为一门研究环境与人类社会发展的学科。在此之后，生态学得到了迅速发展，生态学和各学科相互联系、相互渗透，其分支已到达一百多门。生态学的内涵包括：一，研究生物体和其生存环境之间的关系；二，研究人类社会与环境间的相互关系，并且涉及经济层面；三，不仅研究生命体和环境之间的相互关系，而且要揭示相互关系中的基本规律，运用生态原理解决人类面临的生存发展问题，实现人与自然和谐发展。

2.2.2 城市生态理论的演进

1. 人与自然生态理论

（1）马克思恩格斯生态理论。

马克思生态理论发展经过了创立发展、理论完善和实践创新三个阶段。

一是创立发展阶段。20 世纪六七十年代人类的生存环境面临着前所未有的挑战，资源短缺、环境污染和生态问题逐步凸显，并日益成为制约人类社会进步的重要因素，在此背景下赫克尔提出生态学的概念。之后随着现代社会的全面发展，人类对环境、生态的内涵理解逐渐深入，生态学理论体系日益丰富，涌现出各类生态哲学，如环境伦理学、生态女权主义、深层生态学、生态神学、生态学马克思主义、生态美学及其整体主义环境哲学等，马克思生态学理论就是在这一时期创立发展起来的先进的生态理论。

二是理论完善阶段。随着西方资本主义的发展，生态环境不断恶化、生态危机状况日益严峻，因此，马克思深刻地批判和反思了资本主义工业文明。研究发现资本主义制度是产生生态危机的根本原因，只要资本主义制度存在，生态问题就不可能从根本上解决。资本主义制度的反生态性和对剩余价值的无限追求，倒逼马克思完善生态理论，马克思生态理论不再仅仅局限在生态理论层面，而是推进政治生态理论、经济生态论、文化生态论等生态理论体系的全方面发展。

三是实践创新阶段。马克思生态理论是基于马克思主义理论的科学的生态发展理论，它尊重自然、顺应自然、目标是保护地球，实现人与自然和谐共生。马克思生态理论的生命力在于实践，在实践过程中其呈现出的活力以及在改善生态环境中的价值不断显现，为更好地实现人与自然的和谐发展提供方法论指导，马克思生态理论开始进入实践创新阶段。

综上所述，马克思恩格斯关于人与自然关系的生态思想是中国生态文明制度的理论基石。

马克思的生态思想主要内容可以概括为三点。第一是人与自然的辩证关系，在批判黑格尔、费尔巴哈等思想的基础上，马克思恩格斯提出了科学的人与自然辩证关系理论，揭示了人与自然关系的本质所在。《资本论》中，马克思阐述了人类与自然的三种基本关系。首先是人类对自然的崇拜态度，这种态度反映了早期人类社会在较低发展阶段对自然的敬畏与依赖。其次是人与自然的斗争，随着科技的进步，人类增强了对自然规律的理解，并积极地改造自然，从而在多个领域取得了对自然的胜利。由于这些理论不太完善与成熟，一般来说可能遭到自然的报复，这种关系体现在马克思关于人与自然的异化理论。最后是人与自然之间的和谐关系。这种关系出现在生产力高度发展的水平之上，对人与自然的关系达到了一个较为深入的理解。马克思恩格斯没有系统专门论述生态理论，但是他们的著作中蕴含了丰富的生态理念。生态理念最早表现为人与自然的关系，在马克思恩格斯看来，从唯物论角度出发，人是自然界的一部分，人类从自然界中获取物质资料，因此人类必须尊重自然，否则会遭到自然界的报复。同时，人类在实践中也在不断地改造自然，利用自然。

第二是物质变化理论。马克思在《资本论》中全面阐释了资本主义的物质变幻裂缝，指出："资本主义生产使它汇集在各大中心的城市人口越来越占优势，这样一来，它一方面聚集着社会的历史动力，另一方面又破坏着人和土地之间的物质交换。"也就是说，资本主义社会的城乡发展模式导致人口不合理流动，因而导致部分生产废弃物由原来的厩肥来源变成了城市下水道污染物。因此，便造成了物质变换中无法弥补的裂缝。这些"裂缝"破坏了自然界的物质转化规律，对自然产生了不可挽回的影响：一是土地的养分流失，阻碍了作物的营养供给，导致地力损失。二是土地利用效率低下。大量施肥以保肥，使乡村环境更加恶化。三是城市居民所用的产品不能"溶"入地，其排泄物严重污染了城市环境。于是，仅凭自然自身的调节能力很难使其恢复常态，就需要人类积极主动承担起生态系统调节者的角色，通过对自然的改造过程，调节人地间的物质转化，达到物质良性循环。

第三是资本主义生态危机理论。他认为，随着资本主义社会的建立，人与自然之间的关系发生了根本的改变，大自然失去了往日的神秘与力量，人类由"自然的奴隶"变为"自然的征服者"。在此期间，为满足自己的需求，人类对自然资源的过度开发利用和对自然生态的肆意践踏。资本主义就是以持续对自然财富的掠夺为基础的历史积累，随着资本主义的不断发展，其对自然界的剥削和压迫也越来越严重，人与自然之间的矛盾也越来越激烈。资本主义生产方式和制度是导致生态危机的根本原因。这说明，只要资本主义逐利的生产方式还在，资本主义的反生态体系没有被废除，人与自然之间的冲突就不可能从根本上解决。马克思恩格斯为人类社会发展提供了一条正确的道路。要实现社会主义，就必须把生产资料从少数人的财产中解放出来，实行各尽所能，按需分配；这样以营利为目的的生产模式终将消失，以人的现实需求为基础的物质生产，也将不再由资本逻辑驱动。有了社会主义生产方式和体制的保证，人类不再"征服自然"，而力求与自然达到协调，不再一味地对自然进行盲目的开发，而更多的是按照自然规律来改造、利用大自然。

马克思恩格斯的生态观念促使不同的生态哲学思想的产生，这些生态哲学思想促使 20 世纪七八十年代全球绿色革命的发生，对于我国来讲，为我国生态文明制度提供了理论指导，为我国生态危机问题提供了理论启迪。

（2）生态足迹理论。

生态足迹理论是加拿大生态经济学家里斯（Willian E. Rees）及其

学生 1992 年提出的测算可持续发展程度的方法，展现出人与自然之间的另一种关系，通过计算生产一定人口所消费的资源和吸纳这些人口消费产生的废弃物所需要的生物生产性土地的总面积来衡量人类对生物圈的需求，从而分析城市消费对周围区域生态环境的影响。这一概念既在一定程度上能够帮助人们更好理解家庭生活方式以及社会经济活动对生态环境的影响，又隐含了可持续性机制，有利于构建人与自然和谐相处的发展模式。

生态足迹概念及模型正式提出以后就被国内外学者普遍关注。此后经过不断改善，已经广泛应用到多个领域，现常用于区域可持续性评价。生态足迹分析分为生态足迹的测算与生态承载力的测算，生态足迹是为了保持人类的社会生活所必需的生产性土地的面积，而生态承载力是某一地区能持续供应的生产性土地面积，二者的比值用于判断一个区域的土地可持续发展状况。

（3）生态伦理理论。

生态伦理观是审视人与自然关系的重要基石。

国外生态伦理理论主要代表有：自然主义、环境伦理、后现代生态伦理。自然主义的生态伦理强调自然界本身固有的自然之价值。环境伦理学派认为人们对环境必须担负起维护生态系统的完整和稳定的责任，任何破坏自然环境的行为都是不道德的和必须斥责的，他们认为自然界拥有更多的价值，肯定自然界的非人类存在物的价值。西方后现代的生态伦理观主要追求人类社会与生态环境之间的和谐发展关系，人类赖以生存在地球与自然环境之中，因此对于人类而言，生态与自然体现着某种生态伦理价值，即人和自然构成统一整体，在这个整体中，生态环境的建设始终是人类追求的最终目标。

中国生态伦理学有丰富的人文和系统内涵。中国生态伦理学的发展从远古时代就已经开始，在江河治理、城市建设、园林建设方面已经形成了初步的生态理论体系。中国古代生态伦理观大致经历了两个阶段：崇拜自然阶段和人与自然和谐相处阶段。古时候，人们以山林为家，一些自然现象还无法解释，以崇拜自然为主。随着人们实践和认识能力的提高，人类对自然界有了新的认识，"天人合一论""万物与我并生论"都体现着人与自然界的和谐共生，人与自然关系逐渐紧密，改造自然，实现人与自然和谐共生，命运与共成为当前和未来发展的主题。

2. 城市生态理论

随着人类社会的不断进步，更多的注意力聚集在了城市生态的发展上。城市作为一个综合体，人的行为是主体，生态环境是基础，资源流动是命脉，社会文化是其经脉网络，形成一个"社会—经济—自然"的复杂生态系统。

人类的生存环境，即自然子系统，涵盖了水、土、气、生、矿以及它们之间的互动关系，为人类提供了生存和繁衍的基础。而经济子系统则基于人类物质和能量的代谢活动，主要涉及生产、流通和消费等有目的的经济行为。社会子系统的核心为人，包括人的思想观念、制度和文化三个方面：思想主要包括哲学、科学和技术等认知系统；制度由社会组织、法规和政策组成；文化则是人们长期形成的观念、伦理和信仰。三个子系统互相支持，共同推动城市生态系统的发展。

综合来讲，由于城市是一个具有高强度社会、经济、自然聚集效应和大量人口、资源、环境影响的生态景观。城市生态系统具有如下特点：（1）人类是城市生态系统的核心。城市以人工化为主，因此城市生态系统中自然植物及生物数量发展遭到限制，城市生态的发展服务于人类。（2）城市生态系统对其他生态系统具有较强的依赖性，城市生态系统的资源依靠其他生态系统进行提供。（3）在城市生态系统中，自然系统的自我调节能力相对较弱，容易引发环境污染等相关问题。相较于自然生态系统，城市生态系统的营养构成更为简单，其对环境污染进行自动净化的能力也相对较弱。城市所面临的环境污染问题涵盖了大气污染、水体污染、固体垃圾污染以及噪音污染等多个方面。

3. 当代生态理论

（1）可持续发展理论。

可持续发展这一概念是 1972 年在斯德哥尔摩举行的第 21 届联合国人类环境研讨会上首次被提出和正式列为一个国际问题。1980 年，联合国环境规划署、国际自然保护联盟和世界野生动物基金会共同发布了《世界自然资源保护纲要》，首次对可持续发展概念作了较为系统的界定与阐释。1987 年，在世界环境与发展大会《我们共同的未来》（Our Commom Future）报告中具体翔实地表述了可持续发展理论的内涵。1987 年的《布伦特兰报告》将可持续发展的概念定义为：既能满足当代人的需要，又不危害后代人满足其需要的发展。1992 年，《里约热内卢环境与发展宣言》在联合国环境和发展会议通过，意味着可持续发展的概念由理论走向现实。可持续发展理论被提出以后得到世界范围内的普遍认同，社会经济发展开始由传统的无序开采向代际公平的价值原则转变，各个领域的学者对其进行了广泛研究，现已涉及建筑、经济产业、土地利用、乡村农业等多领域范围内的实证研究。可持续发展理论经历了相当长的过程，可持续发展思想是人类社会不断发展的产物，它体现着社会进步过程中人类对自然环境及其活动带来的影响的反思。可持续发展是广大发展中国家和发达国家争取实现的目标。和其他经济理论一样，可持续发展形成了不同的流派，从全球视角来看，代表性的有三类：

强调可持续发展的自然属性：可持续发展最初是由生态学家提出来的，国际生态协会和国际生物科学联合会定义可持续发展为：保护和加强环境系统的生产和更新能力。从生物圈的概念出发，可持续发展定义为寻求支持生态的完整性的一种最佳的生态系统，以维持人类的生存环境。

强调可持续发展的社会属性：世界自然保护同盟、联合国规划署以及世界野生生物基金会联合发布了《保护地球——可持续生存战略》，其中明确了可持续发展的概念：即在不超出生态系统可容纳范围的前提下，提升人类生活的品质。强调人类的生产、生活模式必须与地球的承载能力相匹配，保护地球的生命力和生物多样性。明确可持续发展的核心目标是提升人类的健康状况、提高生活品质并创造一个更美好的生活环境，这才是真正意义上的进步。

强调可持续发展的经济属性：这种观点认为可持续发展的核心是经济发展，在《经济、自然资源、不足和发展》一书中将可持续发展定义为：在保护自然资源质量和其所提供的服务的前提下，实现最大化经济增益的发展模式。这一定义强调，经济发展并非以牺牲生态环境为代价，而是在确保不损害自然资源和环境质量的前提下推进。目前，全球可持续发展的内涵涵盖了共同发展、协调发展、公平发展、高效发展和多元发展等方面。地球是一个复杂的整体，每个国家、每个地区都是地球存在的一部分，是相互关联相互影响的整体，一个地区环境的恶化会影响其他地区，因此要坚持共同发展。协调发展不仅包括在未来发展过程中要实现经济、社会、环境相协调，而且要实现地区之间的协调发展。可持续的公平发展包括两个方面，一方面是当代人的发展不能以损害后代人的发展为代价；另一方面是指一个国家的发展不能以损害另一个国家的发展为代价。多元发展是指由于各个国家的地理位置、自然资源、历史的差异性，所以在实现可持续发展的过程中，要从本国具体条件出发，走适合本国的多样性、多模式的可持续发展之路。

可持续发展思想是伴随着社会的发展变化而不断被赋予新的含义。可持续发展核心逐渐向"以环境为中心"转变，即在社会公平公正和环境保护的前提下发展经济。目前，在我国，生态文明的建设，是对可持续发展理念的有效落实。作为世界上的人口大国，近几年来，随着经济的快速发展，中国对资源的消耗也越来越大。随着时间的推移，可用资源的逐渐消耗和日益增长的需要之间的矛盾也越来越深。目前我国对资源的需求量很大，而资源的不可再生性又使得资源型城市在社会、经济和环境方面都面临着严峻的挑战。因此，我国不仅面临资源利用和经济问题，而且还面临着一系列如失业、经济结构失衡、贫穷、环境压力等地区问题。在当今产业多元化、经济全球化的大环境下，资源型城市单一的经济结构，导致了其发展的动力不足。黄河流域沿线的资源型城市面临着同样的困境，如何实现此类城市的可持续发展，是各地区共同关心的问题。

（2）低碳经济理论。

随着全球变暖给人们带来的巨大挑战，低碳经济、低碳城市、低碳发展等概念应运而生。低碳经济可以追溯到 1997 年的《京都议定书》，利用法律的约束力去管控温室气体的排放量，成为低碳经济的开端。英国政府在 2003 年的《能源白皮书》中首次使用了低碳经济的概念，具体来讲，低碳经济是坚持可持续发展观，以技术创新、制度创新以及新能源开发等多种方式，尽可能减少对高碳能源（主要包括煤炭和石油）的消耗，同时尽可能少排放温室气体（如二氧化碳和甲烷等）。这种经济发展模式旨在实现经济社会发展和生态环境保护的双赢目标。其本质包含三个关键要素：一是创新能源技术，二是提高能源效率，三是建立低碳产业结构。低碳经济是一种全球性的经济革命，它涉及生产模式、生活方式、价值观念、国家权益等多方面内容。它具有极其丰富的内涵，既可以被视为一种经济发展理念，也可以看作一种发展模式。此外，它也是当代生态理论，用以指导经济社会运行。通过技术进步，低碳经济在提高能源效率的同时能够减少温室气体排放，从而在保护生态环境的基础上维持生活条件和福利水平。

低碳经济是一种国家博弈的结果，它是政治与经济相结合的科学问题。其目标在于将大气中温室气体浓度维持在相对稳定水平，尽量避免全球变暖对人类生存发展产生影响，实现人与自然的和谐发展。

（3）生态经济理论。

美国经济学家肯尼斯·鲍尔丁是生态经济学思想的最早倡导者。1965 年和 1966 年他发表了《地球像一艘宇宙飞船》和《未来宇宙飞船地球经济学》两书，书中首次从经济发展视角来系统研究经济增长和地球容量之间的关系，自此奠定了循环经济学和生态经济学的思想基础。20 世纪 60 年代末，他在论文《一门科学——生态经济学》中首次提出了生态经济学的概念，并倡导用市场经济体制控制人口增长、环境污染、资源的开采利用和协调消费品分配等。从此，生态经济学蓬勃发展起来。

生态经济基本内涵可以概括为三个方面：

首先，生态经济概念的提出是基于对人类生存环境所面临挑战的深刻认识。在经济不断发展的情况下，人口不断增长，资源消耗加剧，导致自然资源枯竭、环境质量下降、生态系统破坏。一系列的环境问题不仅对人类健康和福祉产生了严重的威胁，也制约着社会的可持续发展。由此，生态经济便成为人们所追求的和谐、平衡的经济形态。生态经济模式旨在通过促进绿色发展、循环利用资源、保护生态环境和实现人与自然的和谐共生，来缓解经济发展带来的负面影响，确保经济增长的可持续性。它要求我们重新审视传统的经济活动方式，转变为注重环境保护、资源节约和生态平衡的发展模式。

其次，生态经济的核心理念与传统经济模式有着本质的区别。它不是将经济增长作为衡量一切的标准，也不满足于当前社会的物质繁荣和福祉提升。相反，生态经济倡导在追求经济效益的同时，必须重视代际公平，确保子孙后代也能享受到生态环境所带来的福利。这种经济方式注重生态系统的健康，其目标是维护一个具有高度适应性、承纳性以及可持续发展的生态系统。它要求我们摒弃那种只关注短期利益而忽视长期环境影响的发展观，不应以牺牲自然环境为代价来换取经济的一时发展。生态经济主张通过合理规划和管理自然资源，实现人与自然和谐共生的局面，从而确保经济活动对地球生态的最小干扰。简而言之，生态经济是一种寻求经济增长与生态保护双赢的新模式，它呼吁我们重新思考如何平衡经济发展与环境保护之间的关系。

最后，生态经济的概念可以分为两个层面来理解：广义与狭义。在广义的视野中，它被认为是一个涵盖了地球上所有人类活动中经济活动的集合体，不仅包括自然资源的开发利用，还涉及社会、经济和环境三大领域的相互作用。这一定义强调了以生态环境的保护和社会经济的发展为双重目标，要求我们在进行生产和消费时遵循生态学的基本原则和经济活动的客观规律。这样做的目的是建立起人与自然之间和谐共处的关系，实现经济增长、社会效益和生态效益的同步提升，并且推动这种发展达到一种可持续性和内在的统一性。而从狭义的角度看，生态经济则聚焦于那些旨在加强生态保护的经济行为。这些行为可能包括对环境污染的控制、废物的回收再利用以及自然资源的可再生使用等。通过采取这些具体措施，生态经济倡导一种更为谨慎、可持续的经济模式，它鼓励人们以一种更负责任的方式进行日常的物质交换。因此，狭义的生态经济不仅仅关注于环境保护，而是扩展到了整个社会层面，强调了全面的生态管理和可持续发展战略。

总体来看，生态经济是指通过改变生产和消费方式，利用一切可以利用的资源，促进经济发达和生态高效的产业发展，从而建立体制合理和社会和谐的生态文化，创造生态健康的环境。生态经济实际上是可持续发展经济的一种。

（4）绿色经济理论。

绿色经济最早是由英国环境经济学家大卫·皮尔斯在 1989 年出版的《绿色经济蓝图》中首先提出来的，他主张从社会及生态条件出发，建立一种"可承受的经济"。绿色经济是指通过正确处理人和自然、人和人之间的关系，高效地、文明地实现对自然资源的永续利用，使得生态环境持续改善和生活质量不断提高的一种生产方式和经济发展形态。包括绿色 GDP、绿色产业、绿色技术、绿色产品、绿色金融等一系列概念。绿色经济主张在社会经济发展过程中，人们要树立正确的自然观，有效利用资源和切实保护环境，在实现经济增长的同时使生态环境得到改善，人们的生活质量得到提高，实现人和自然的和谐。因此，从本质上看绿色经济是一种生态经济和可持续发展经济，其内涵较广，一切有助于改善生态环境的环保技术、生产工艺以及相应的企业和产业都可以归结为绿色经济。从这一含义上讲，低碳经济是绿色经济的子范畴，从属于绿色经济。

2.2.3　城市生态政策的演化

伴随着经济社会发展与环境冲突矛盾的加大，城市生态政策的演进呈现出三个特点。

1. 边缘化到中心化

在社会发展早期，人们关注于经济社会的发展而忽略了环境的保护，因此城市生态文明政策也处于边缘地位。在新中国成立之初，由于优先发展重工业的发展战略，一些主要城市都不同程度地出现了污染问题，因为传统发展方式和经济社会发展的客观条件，这些问题并没有引起人们关注，此时城市生态政策主要集中于工业污染治理，出台了工业污染的防治政策。改革开放之后，由于我国经济水平落后于发达国家，以改革开放为起点，国家工作重心转移到经济建设上来。随后，中国经济建设"三步走"的战略在党的十三大中提出，促进我国经济发展水平更上一台阶；党的十四大又开启了经济体制改革，以市场化为导向，纵观一系列经济发展战略，我国充分发挥了后发优势，使得经济持续以较高速度发展，生产力水平得以不断提升。但是伴随着快速的工业化进程，粗放的经济发展模式远远超过了生态环境承载力，我国逐步显现出全局性的生态环境问题，生态环境保护工作面临新的挑战。这一时期城市生态政策主要理念是"污染防治和生态保护并重"，一直到 21 世纪初，我国城市生态建设政策一直是环境保护与经济和社会发展相协调，当经济建设和环境保护出现发展矛盾时，环境保护应该让步于经济发展。

21 世纪后，尤其是党的十八大召开之后，生态政策开始坚持"生态优先发展"，环境逐渐提高到社会发展的中心地位，生态文明制度的地位上升为党的主张、国家意志。党的十八大报告指出保护生态环境必须依靠制度，并且将生态文明写入了党章。在此之后，国家立法机关相继出台了一些环境保护法、大气保护法等。2018 年，生态文明建设和生态文明制度被写入宪法，最终生态文明建设上升到国家意志。

到目前，在我国，生态环境保护的重要性已经达到一个新的高度。

全社会对于生态环境的保护形成了空前一致的共识，这种共识体现在对生态文明建设的认识上，它不仅仅是政策层面的号召，更成为了每一位公民的自觉行动和生活方式。在生态文明建设的执法检查和监督工作中，我们见证了其严格程度之前所未有，这不仅反映了政府治理的决心，也展现了对环境违法行为零容忍的态度。在环境保护和治理方面，国家投入的成本同样达到了历史新高。这些投入包括但不限于技术革新、基础设施升级以及生态修复项目等。正是这些前所未有的投入，让环境质量得到了历史性的改善，蓝天白云、绿水青山的景象越来越多地出现在人们的视野中，自然的美丽不再只是梦想。正如习近平总书记在党的二十大报告中所指出："生态环境保护发生历史性、转折性、全局性变化"，这不仅仅是对过去成就的肯定，更是对未来方向的明确指引。在党的领导下，我国已经逐步迈入了人与自然和谐共生的现代化建设格局，这种转变不仅意味着物质财富的积累，更代表着文明进步和可持续发展的理念深入人心。人民大众对于优美自然环境的获得感显著增强，这种获得感并不局限于视觉上的愉悦，更重要的是从内心深处感受到了与大自然亲密接触的满足感和幸福感。在这个过程中，人们开始更加珍惜自然资源，积极参与到环境保护的行动中，共同构建起和谐宜居的生活环境。

总的来说，我国生态环境保护工作取得的成就是全方位的，从法律法规的完善到实际行动的实施，从理论认识的深化到具体成效的显现，无不体现了我国在生态环境保护道路上不断前行的坚定步伐，更体现了城市生态政策从边缘化到中心化的演化格局。

2. 零散化到系统化

城市生态政策建设不断深化，逐步实现了从零散到系统的演化过程。

一方面，城市生态建设政策制度是由零散到系统、规范化的过程。自新中国成立以来，国家极为重视生态环境的保护。1979 年，我国颁布实施《中华人民共和国环境保护法（试行）》，这是第一部关于生态环境保护的基本法律。这部法规的出台标志着中国环境保护工作迈出了重要一步，确立了以法治手段促进生态文明建设和可持续发展的方针政策。随后，随着环保意识的不断增强和实践经验的积累，各级地方政府纷纷响应中央号召，根据本地实际情况制定了相关的生态保护法规。这些地方性法规共同构成了我国生态环境保护法律体系的一个重要组成部分。至今，我国已建立起一个以宪法为核心，覆盖各个领域的环保法规相互补充、相互配合的法律体系。

另一方面，生态环保部门也从分散走向集中统一。当前，我国已经形成了一个规模更庞大、权责更大的生态环境保护部门。通过优化内部结构，有效地解决了以往决策过程中的低效率和权力分配不均的问题，使得生态保护工作在中央层面得到更加集中而统一的管理与执行。同时，在党的领导下，我国社会各界也积极响应并投身于生态文明建设之中。无论是政府部门还是民间组织，都在努力将生态理念融入日常生活和发展规划中，共同推动城市的生态文明建设向更深层次、更广范围发展。

3. 单一化到多元化

城市生态政策在主体上逐渐走向多元化，呈现出党领导、政府主导、市场推动、企业实施、公众参与的多元模式。各治理主体共同参与的环境治理体系，既能使我国生态文明制度优势转化为治理优势，提升国家治理能力现代化水平，也为推进生态文明建设提供坚实的制度保障。

生态文明政策的落实手段多样化。在政策执行的各个环节中，应该综合运用法律、经济以及行政等多种手段，确保城市生态政策的制定和实施细致又切实可行。此外，还应引入市场化手段，充分发挥市场机制的积极作用，通过市场的力量引导资源的合理配置，促进绿色发展和循环经济的形成，从而实现环境保护与经济发展的双赢局面。这样的治理体系，将会更加适应当前复杂多变的环境问题，展现出强大的生命力和适应性，为建设美丽中国提供不竭动力。

2.3 经 验 借 鉴

城市生态软实力在城市上的应用主要表现于地区生态城市的构建上。主要类型模式及路径如下。

2.3.1 类型—模式

1. 先"生态"后"经济"

先"生态"后"经济"模式是指城市在向前发展过程中把生态建

设放在首要位置，通过提高绿化度，建设园林及公园，提升城市知名度，建设绿色廊道，带动旅游业等第三产业的发展，通过生态文明的建设推动产业结构升级，从而形成绿色、低碳经济，最终实现"生态经济化"，使生态建设发挥其经济效益，提高居民生活满意度，实现可持续发展。大力发展新经济培育新动能，增强城市活力。先"生态"后"经济"模式的代表性城市有成都和温哥华。

（1）"生态＋新经济"建设公园城市，提升城市魅力——成都。

成都在 2018 年就开始推行公园建设，从生产方式到生活方式，从生态到业态，在新时代生态理论下构建公园城市。到 2019 年底，成都已经启动了 25 个公园城市示范区项目，人均公园绿地面积 15.7 平方米，市辖区建成区绿化覆盖率达 42.8％，建设各级绿色廊道 3429 千米。在实现生态建设的基础上，将生态价值提升为经济效益。各种生态工程如大熊猫国家公园、沸腾小镇西岭雪山、天府绿道等，将生态价值转化为经济价值。成都的大熊猫国家公园，保护了大熊猫及区内 8000 多种野生动植物，其核心保护区覆盖现有 67 个大熊猫自然保护区。作为栖息和繁衍的自然乐园，不仅为动植物提供了合适的庇护所，而且还推广了各种生态产品，比如长青熊猫森林蜜、文县绿茶、瓦屋山美食等，拓宽了农产品销售渠道，并助力当地人增加收入[①]。通过这样的合作模式，共同构建了一个共赢的生态保护与经济发展平台。除此之外，截至 2020 年底，成都发展"绿道＋夜市"的锦江夜游项目，接待游客超 1.5 万人次；"绿道＋乡村旅游"的竹艺村竹制品经营收入达 2000 万元以上。成都的城市生态建设模式是"公园城市"，实现经济效益和生态效益双满，也即"生态＋新经济"。

通过生态优先、绿色发展的战略，成都荣获 2018 年全球绿色低碳领域先锋城市蓝天奖。该奖项是由联合国工业发展组织发起的绿色低碳领域国际性评比活动，目的是推动绿色低碳技术产业化和广泛应用，引导绿色生活方式与可持续发展。"蓝天奖"面向全球征集、组织国内外权威专家进行甄选评估，最终由"蓝天奖"评审专家委员会现场投票评选。成都在 31 个国内城市和 3 个国外城市中脱颖而出，可以将其获奖原因概括为以下几点：

---

① 参见《2019 年成都市国民经济和社会发展统计公报》。

首先，成都正致力于构建一个既宜人又宜居的生态环境。在这个过程中，始终将解决那些影响居民日常生活的重大环境问题放在首位，以此作为提升民生福祉的关键途径。通过采取有效措施，成都着力进行治污减排工作的"减法"，致力于减少污染物排放，保护自然环境；同时，也在积极推行全域增绿的"加法"策略，扩大绿化面积，增强城市的绿色基底，让市民在享受都市繁华的同时，也能感受到自然的拥抱和呼吸的自由。这样的努力不仅美化了城市面貌，还为居民提供了更加健康、舒适的居住环境，展现了成都在追求可持续发展道路上的坚定决心和实际行动。

其次，成都正在转变经济发展方式，着力培育绿色经济新动能，当前绿色经济成为现代化经济体系的重要支柱，基本建立绿色低碳循环产业体系。

最后，成都鼓励低碳出行。强力实施轨道交通加速成网计划，大力推进快速公交和微循环社区巴士建设，获批国家公交都市建设示范城市，公交出行分担率从 2013 年的 28% 提升至 2018 年的 47%。新经济总量指数在全国城市中排名第四①。

成都花园城市和"蓝天奖"的成功离不开成都主动落实国家战略，包括主动落实应对气候变化国家战略，以"中美可持续及宜居城市建设"项目为契机，开启低碳发展蓝图和二氧化碳达峰值研究，全面推进国家低碳城市试点建设。在 2018 年初，成都曾提出"公园城市"概念，从此开启了划时代的把生态价值考虑进去的成都实践，成都先后出台《推进绿色经济发展实施方案》，启动实施碳普惠示范工程，科学核算低碳行为形成的"碳资产"，运用普惠机制、市场机制鼓励公众和小微企业参与自愿减排，助推城市绿色低碳转型。

（2）坚持"无废"排放，建设绿色城市——温哥华。

温哥华是既保护了生态环境，又实现经济增长的另一代表性城市。从 20 世纪 70 年代起，温哥华就把建设"绿色城市"作为未来发展的重要规划之一，目的是应对气候变化与实现可持续发展。1988 年，温哥华成立了世界上首个气候工作特别小组，以此评价气候变化。1990 ~ 1997 年间，温哥华市相继通过了温哥华绿道计划、综合交通计划，旨

---

① 资料来源：成都发展改革。

在发展可持续社区，并为步行和非机动车出行提供更多机会。2003 年，温哥华气候工作特别小组成立，并制订了两项行动计划：一是减少城市温室气体的排放，二是减少社区温室气体的排放。正是凭借着应对气候变化和积极建设绿色城市远景，以及制定的切实可行的方法，温哥华成为首届广州奖的获奖城市，成为世界城市走可持续发展道路的表率。随后 10 年间，"气候友好型城市"行动计划、社区气候变化行动计划、绿色分区政策相继出台，为针对城市运营的企业、城市社区温室气体减排，以及新建建筑建设设定标准。自 2011 年起，温哥华市政府便积极致力于推动"无废城市"的规划，并且在 2018 年出台了《无废 2040》战略计划，明确提出到 2040 年实现城市废弃物的零焚烧和零填埋，这也为打造绿色城市奠定了良好的基础。2019 年，温哥华地区发布了《大温哥华地区气候 2050 战略计划》（以下简称"气候 2050"）。该计划将公平、公正和可承受性作为核心考虑因素纳入战略目标和行动，为未来大温哥华地区的气候政策和行动制定了总体发展框架。

温哥华生态保护和脱碳的政策途径由两个阶段组成。首先是使电力部门脱碳，其次是将重点转移到交通部门。具体包括以下五种路径。

第一，在能源上，通过邻里低碳能源系统建设加速能源转型。为减少温哥华市的碳排放，市政府在"最绿色城市行动计划"中建设了福溪东南邻里能源设施，利用从污水中收集的废热能，为周围建筑物提供供暖和热水。这一举措将建筑能源产生的温室气体减少了约 2/3[①]。在此成功的基础上，可再生能源规划作为气候应急行动的一部分，规划到 2050 年，在温哥华市全域建立其他邻里低碳能源系统，并将污水热回收能力提高 1 倍以上。同时，温哥华市政府将继续投资，扩大垃圾填埋场气体收集基础设施，将甲烷气体收集用于加热相邻物业的商业用房，并用于当地食品生产，改进气体生成的预测模型，最大限度地提高气体收集量。此外，温哥华市还将开展企业气候领袖计划与企业能源顾问计划，以对中小型企业温室气体减排机会进行评估并采取相应行动。

第二，在建筑领域，不断完善建筑项目审批内容并增加政策奖励。在"最绿色城市行动计划"的实施过程中，温哥华市先后出台了《温哥华建筑附则》（VBBL）、绿色建筑政策、高性能建筑标准、独立屋能

---

① 《绿色温哥华：从"最绿色城市行动计划"到"气候应急行动计划"》，上观新闻网，2023 年 6 月 26 日。

源计划、多户建筑能源计划等多项政策工具包，旨在明确独栋住宅、大型零售/商业建筑新建和改建建设标准。在气候应急行动计划的实施过程中，温哥华市政府重新修订了绿色建筑政策。

第三，在交通领域，与土地利用规划交叉衔接，优先支持绿色交通发展。在交通领域"最绿色城市行动计划"的实施过程中，土地利用规划和城市设计发挥了重要作用。温哥华市建立了一系列有良好交通服务的可步行社区，并建设系列自行车慢行道。截至2014年，"最绿色城市行动计划"的两项交通目标都已实现，温哥华市每日的自行车出行次数增长一倍，每个居民的平均驾驶距离比2007年下降了38%；此外，温哥华市内50%的出行都是通过步行、自行车或公共交通完成。[①]

第四，在废弃物处理方面，坚持全要素、全生命周期管理。在"最绿色城市行动计划"的实施过程中，温哥华市推出了"绿色垃圾桶"计划，以收集和转用可堆肥的食物残渣，并于2014年启动一项生产者责任延伸（以下简称"EPR"）计划，用于回收包装垃圾。EPR计划将处理包装垃圾的负担从纳税人转移到产品的生产者和使用者身上，生产者负责管理其产品在整个生命周期中对环境的影响。未来在气候应急行动中，温哥华市将通过继续提高有机物总体分流率、增加木质废弃物填埋分流、全面实施绿色拆迁政策，将拆迁废物的回收要求纳入所有房屋拆迁中、强化监管过程等方法，提高城市废弃物处理领域的流量和能力。

第五，在城市生态环境方面，开展生态系统规划与生态恢复项目。温哥华市采用树冠覆盖率指标来衡量城市生态环境的健康程度以及城市固碳能力。在"最绿色城市行动计划"的开展过程中，同步提出城市森林战略框架，目标是到2050年将温哥华市的树冠覆盖率恢复至22%。为实现这一目标，温哥华市在树木保留、树种选择、公园森林自然化等领域制订了一系列长期计划，并选取部分试点，将原有道路空间改为小型公园以增加绿色空间。最初的"最绿色城市行动计划"目标侧重于提升绿色空间的数量，随着气候应急行动的深入，市议会进一步提出碳封存目标，即在2050年之前，每年封存21000吨二氧化碳，并将此目标对应传导至土地利用规划中，将生态系统建设纳入城市规划、城市设计和城市建设的组成部分。为启动国家碳汇计划，目前对于城市固碳的

---

① 《回响–加拿大温哥华：绿色城市发展之路》，载于《21世纪经济报道》2022年12月9日。

潜在途径初步确定为：森林、淡水湿地、农业用地、草原、海洋植被五大类别，并通过绿色基础设施建设项目、河岸恢复项目、海藻培育项目、湿地建设项目等生态恢复项目予以实施。

截至 2020 年，温哥华在绿色城市建设方面取得了显著成效市民出行方式发生了积极的转变，步行、自行车、公共交通出行的使用比例在北美领先；而且，温哥华市还建成了世界最长的不间断海滨绿道；在绿地和生物保护方面，种植了 150000 棵树，恢复了 34 公顷绿地，极大地改善了市民的生产生活环境。[①] 在蓝绿色城市建设过程中，温哥华注重生态环境的保护与可持续发展，城市整体保持原始的自然环境，为发展生态旅游奠定非常好的基础；并且充分利用土地和海洋资源，发展了农业、渔业、林业；除此之外，温哥华市还发展生物制药和 IT 产业等高附加值、对环境影响小的产业，实现了经济与环境的双赢。这促使温哥华成为由生态促进积极发展的代表城市之一。

2. 先"经济"后"生态"

大多数城市建设采取的都是先经济后生态的模式。在早期，把经济放在发展的龙头地位，经济增长使居民对生产生活环境的要求提高，因此开始发展生态，逐步转向以生态为主的发展方向。代表性的城市有英国的埃布斯弗利特和日本的北九州市。

（1）转变经济发展方式，构建"新花园城市"——埃布斯弗利特。

英国是工业化最早的国家，英国首先完成了工业革命，因此，英国也率先享受道路富足与繁荣，但是英国也首先尝到了生态环境污染的后果。20 世纪 70 年代以来，英国开始进入后工业化阶段。在这一阶段，环境问题主要体现在城市人口的居住环境上。作为英国的城市之一，埃布斯弗利特在后工业化时期其基础设施已不能满足需求，并且邻近伦敦地区的居民又反对建设，新住宅土地供应受限制，导致土地供需失衡，房价不断上涨，居民的居住成为难题。因此，基于住房危机，提出了构建"新花园城市"的构想。

2011 年，结合花园城和生态城的概念，英国提出要打造新花园城市。到 2014 年，埃布斯弗利特被规划为第一个"新花园城市"，旨在打造肯特地区的发展中心和伦敦的卫星城市，成为"新花园城市"典范。

---

① 《回响 – 加拿大温哥华：绿色城市发展之路》，载于《21 世纪经济报道》2022 年 12 月 9 日。

2014 年英国城乡规划协会（TCPA）发布设计准则，定义新花园城市，即改善生态环境，提供高品质住宅，实现本土就业的美丽、健康、社区多元化的整体规划聚落，并且强调可持续发展、实现食品和能源的本地化以及社区资源的公平分配，这也成为指导新花园城市的理念。新花园城市新在适度，即"适宜的花园城市"（proper garden city），既不让绿地过多影响出行和社区交流，也不让城市过密产生城市病。同时，实现花园城和生态城融合，通过优化自然环境、打造绿色住区，融合居住、商业、零售、休闲功能，创建绿色可持续混合功能社区。而且降低开发和城市运行对环境的影响，通过废弃物回收、设计低能耗办公楼、废水循环利用、减少驾车需求、建筑材料可持续标准设置等途径降低环境影响；通过可回收垃圾箱、双冲厕所、可循环存贮、全腔壁保温、自行车绿色出行、低能源照明和高效节能窗等降低温室气体排放量。

新花园城市的建设通过转变经济发展方式改善了生态环境，一些大规模草地、林木和公园的建设，使绿色可持续发展社区不断形成。同时重视交通体系的建设，把可持续的观念融合到交通体系中，通过便捷交通体系，降低小汽车使用，向经济和环保的方向发展。倡导以人为本、生态建设，强调社区参与、有机增长和自给自足，推动社会、经济与环境的协调发展。

（2）发展循环经济，打造生态工业园区——日本北九州市。

上个世纪初，八幡炼铁厂在日本北九州市成立，拉开了北九州市工业发展的序幕，北九州市也迅速成为日本四大工业基地之一。工业的发展带来了高速增长的经济，但同时也带来环境危机，到上个世纪 60 年代，北九州近海鱼虾绝迹，洞海湾变成死海，天空中笼罩着黑烟。许多大型工厂集中在洞海湾边，年降尘量创日本最高纪录，许多市民感染上了哮喘病。面对这种情况，北九州市政府和企业以及居民联合在一起，共同克服环境危机，在投入八千亿日元和花费二十年治理后[①]，北九州终于恢复了碧海蓝天的景象。

1990 年，北九州荣获联合国环境规划署颁发的"世界五百佳城市"殊荣。经过三十年的时间，北九州已经形成一个共识："环境保护应该放在首位，环境保护可以创造一个产业，就是环保产业。"未来进一步

① 《北九州生态工业园—循环经济的典范》，搜狐网，2016 年 10 月 24 日。

建设资源循环型社会，振兴经济，发展再循环产业，北九州市制订了生态工业园计划。生态工业园区主要是以加工处理的方式，从办公机器、医疗器具、建筑废物、废塑料、废纸、汽车、家电等各种废弃物中提取原材料并转化为再生资源，然后用于新产品的制造和生产。同时在生态工业园区的建设过程中，将地方特色与产业优势相结合，致力于振兴环境产业，并吸引更多企业投身于环保事业之中。北九州市不断探索新技术，联合企业、政府、大学以及科研机构共同研究、开发先进的废物处理与再循环技术，使得北九州市成为一个集研发、教育、实践于一体的环境保护技术研发基地。

北九州市的成功经验在于三个方面：第一，政府有力的政策支持。在积极推动绿色发展和可持续经济的背景下，各级政府纷纷建立起了生态工业园区的补偿金制度，以此来吸引那些具备先进技术、致力于环保事业的企业入驻。这些制度为企业提供了一个财政上的激励机制，使其能够更好地进行技术创新和环境保护工作。对于那些通过申请并成功进入生态工业园区的先进企业，国家级政府将给予它们一定比例的建设经费补助，金额介于 1/3 至 1/2 之间，这一政策旨在降低企业在初期的成本压力，从而鼓励更多的企业投身到生态工业园区中去。而在北九州市，市政府不仅对新入园企业提供总投资额的 2.5% 作为补助，还针对企业入驻园区后在土地使用、选址规划以及建设项目的立项审批等环节提供相应的补助措施，以确保企业在起步阶段能够得到足够的支持与帮助。对于那些自购土地的企业，新建项目可以享受最多 10% 的补助，而扩建项目则可以获得 6% 的补助。对于租赁土地的企业，在项目正式运行的第一年，将免除一半的年租金①，这一优惠政策大大减轻了企业的资金负担，有助于吸引更多的实体投资于生态工业园区的建设与运营。此外，为了进一步促进科研和实践活动，市政府也将对相关的科研机构和验证研究机构给予一定的年度补助，以激励这些机构开展更深入的研究工作，为园区内的企业提供技术支持和解决方案。北九州市政府还特别制定了一项关于产业废弃物处理的征税条例，旨在推动废弃物的减量化和资源化进程。通过这种方式，废弃物不再仅仅是被填埋或焚烧，而是转化成了宝贵的资源，这不仅减少了环境污染，也提升了资源

---

① 《循环经济典范：日本北九州生态工业园借鉴》，载于《北大方极－未来城市》第506 期。

的利用效率。在政府的政策性融资体系中，诸如 3R（Reduce、Reuse、Recycle）事业和废弃物处理设施建设等项目，都将成为税收优惠的对象。这种税收激励措施，无疑会吸引更多投资者关注并参与到生态工业园区的建设和运营中，共同推动整个区域的绿色转型和可持续发展。

第二，提供完善的法律保障体系。从国家层面上，日本已经建立起完善的法律体系以保障循环经济发展，包括《推进循环型社会形成基本法》《家用电器回收法》《固体废弃物管理与公共清洁法》《资源有效利用促进法》《报废汽车循环利用法》《促进容器和包装分类回收法》《建筑材料回收法》等。北九州市制定了"北九州市公害防止条例"，其标准比国家规定更为严格；市政府还与市重要企业签订了"公害防治协议书"。

第三，重视科研及人才培养。已有百年历史的北九州市工业化，积累了丰富的产业技术及人才优势。1994 年北九州市开始构建"北九州学术研究城"，为循环经济的发展提供智力支撑和科技支持，到 2007 年有北九州大学、早稻田大学、英国克拉菲尔德大学等多所研究机构和新日铁公司等 40 多家企业进驻城内[①]。在生态工业园的实证研究区内，政府、企业和多所大学联合起来建立了多个试验基地，吸收大量高科技人才进行科学研究。

第四，全社会共同参与。北九州生态工业园是以当地为主导，由国家与当地政府联合协助与管理，并辅以企业、科研机构、政府等多方参与，构建了"官—产—学"一体化的生态园区管理与运行模式，实现了企业与科研院所、政府之间的密切协作。与此同时，政府亦将资讯开放给社会及公众，并加强与公众就风险问题的资讯交换。企业也要做到信息和设施的公开，让公众能够分享自己的信息，同时还要制订一套风险管理和风险评估的办法，以此来增进彼此的了解，努力避免或者减少风险，消除公众的不安、不满和不信任。

北九州生态工业园区的建设规划，一方面改变了原来由重工业带来的严重的环境污染，提高居民生活品质；另一方面这种循环经济使资源得以循环再利用，提高了资源利用率。同时，随着研发基地的蓬勃发展，北九州地区亦逐渐演变为一座教育的摇篮。它吸引了众多杰出的人

---

① 王鲁杰：《北九州市经济迅速发展分析》，载于《中小企业科技》2007 年第 8 期。

才汇聚于此，他们不仅带来了先进的知识和技能，也为当地乃至全球的环保产业注入了新的活力。这些人才的加入，为环保技术的创新与推广打下坚实的基础，使北九州在环境治理领域的国际舞台上赢得了更大的关注与认可。

（3）低碳环保的城市典范——丹麦哥本哈根。

作为连续两年稳坐欧洲智慧城市第一把交椅的哥本哈根，是全球绿色城市的领导者。《哥本哈根 2025 年气候规划》指出，预计在 2025 年哥本哈根将成为世界上首个实现碳中和的代表城市，其计划分两个阶段实现，第一个阶段是在 2015 年，该市的二氧化碳排放比 2005 年减少 20%，第二阶段是到 2025 年，实现净零碳排放量。

然而，回顾过去的十几年，哥本哈根海港曾经面临着一场前所未有的污染危机。那时，这座城市的港口不仅是贸易和文化交流的枢纽，也变成了一个被污染海洋生态系统的受害者。数以百计的泄洪管道不停地将未经处理的污水倾泻进港口，形成了一个巨大的污染源。这些污水中含有各种化学物质和污染物，对海洋生物造成了极大的威胁，破坏了当地的渔业资源，同时也对人类的健康构成了潜在的风险。

针对严重的污染，哥本哈根采取了许多做法，比如提升能源效率、使用再生能源、绿色建筑标准等。提升能源效率中，75% 的减排任务通过能源改造来完成。推行风能和生物质能发电，这使哥本哈根的电力供应大部分实现零碳模式。制定严格的建筑标准，推广节能建筑。通过提高新建建筑物和旧楼房的改造的设计标准，达到降低能耗、更好地调节室内空气和降低噪音的目的。推行城市绿色交通，除了电力车、氢动力车外，大力推行"自行车代步"，建设自行车城。在哥本哈根市内，按照自行车的平均速度设置交通灯变化的频率。如果驾车行驶在哥本哈根的大街上，就总是会被一个又一个的红灯所阻挡。如果骑上一辆自行车匀速蹬踏，倒是几乎可以一路绿灯畅通无阻。这种方式提高了市民的环保意识，通过他们的积极参与，达到节能减排的目的。除此之外，还有增设气候知识网站，鼓励市民参与气候问题的讨论和交流行动经验；设立用电、取暖设施使用、交通方式选择、垃圾分类等方面的咨询机构，便利市民获取相关知识和信息；减少垃圾和实行垃圾分类计划；建立新的气候科学模拟中心以提高青少年的气候科学知识；鼓励和支持公司企业减少碳排放等。

经过多年治理，如今的哥本哈根海港已重新焕发活力，成为一片蔚蓝的公共活动区域。海港水质的改善使得周围居民的生活质量提高，进而带动了旅游业等本地产业和周边地产的价值，并创造了就业机会。仅改善海港环境一项就能带来诸多效益，但哥本哈根的发展计划并不局限于此。哥本哈根实现"世界上首个实现碳中和的代表城市"的计划中多次声明，要促进政府、企业、研究机构、环保机构和公众的多方参与，确保计划顺利实现。对于哥本哈根而言，"绿色""智慧"和"碳中和"将成为城市的品牌，在这个品牌下，城市的生活品质、经济、就业等指标都会提升，"绿色"和"创新"形成有效的正向反馈，促进彼此共同发展。

3. "生态" + "经济" 协调发展

还有一部分城市坚持"生态"和"经济"同步协调发展。从发展早期，就把生态放在与经济发展同样的位置，一方面在发展过程中实现经济生态化，用生态的观念来发展经济，在经济发展过程中重视生态环境的保护，不仅提高城市的环境竞争力，而且可以提高产品竞争力，创新产品形式与经济发展形态，提高未来发展前景。另一方面在发展过程中实现生态经济化，大力推进生态效益农业、工业，绿色先进制造业，在保护生态中同步经济增长。走生态和经济协调发展的代表性城市有新加坡、纽约的中央公园和中国的珠海。

（1）绿化城市，构建"生态花园城市"——新加坡。

新加坡作为一个地处东南亚的热带城市岛国，国土面积狭小，连续多年被评为全球宜居城市，多次当选亚洲人最适宜居住城市。新加坡在构建花园城市过程中走"生态" + "经济"协调发展的模式。

在生态花园建设模式中最吸引人的就是营造绿化环境，实现"城市建在花园中"。新加坡立足于国土面积狭小的基础条件，考虑到可持续发展的重要性，提出"绿化新加坡，建设花园城市的构想"，并于 1996 年确立了建设花园城市的目标，2014 年世界银行的统计数据显示，新加坡拥有 340 多个大小不一的公园，平均每 500 米就有一个公园，绿化面积占国土面积的 45%，绿化覆盖率超过 80%，景观面积占国土面积的 1/8。根据 2019 年新加坡政府发展总蓝图，2021 年开始建设的武吉知马 – 梧槽绿色走廊，将会连接裕廊花园、新加坡植物园、滨海湾花园，总长达 11 千米。

同时，新加坡注重知识产权保护，信用体系和法律体系较为完善，营造了良好的营商环境，成为不少国家发展海外业务的主要选择之一。同时，新加坡的教学品质高且人才竞争力强，人才培养体系完善，除此之外，良好的生活居住环境吸引了不少国外人才，形成了经济发展的保障，加上靠近马六甲海峡，优越的地理位置和自然条件使新加坡港口成为亚太地区最大的转运港口。花园城市的建设，绿地覆盖率的提高，新加坡成为世界著名旅游城市，旅游业成为新加坡重要的经济来源之一，同时，发达的服务业、零售业也成为其经济创收的重要产业。由此，新加坡注重生态建设和经济发展的同步协调，构建花园城市。

新加坡花园城市的建设经验可以从不同角度、不同方面概括为以下四点。

第一，把建设"花园城市"作为基本国策强力推进。新加坡是世界上第一个把建设"花园城市"作为基本国策的国家。自 1965 年起，这座城市便开始着手构建一个与自然和谐共存的绿色生态环境。为此，新加坡总理亲自领导并监督成立的"花园城市行动委员会"应运而生，它肩负着制定和执行相关绿化方案的重任。该委员会确保了所有工作的科学合理性、持续性以及严肃性，并且坚持了数十年的基本国策，从未有任何动摇①。在新加坡，绿化和生态建设不仅是提升国民生活质量的基础设施工程，更是一项推动旅游产业发展的关键举措。这个国家动员了整个社会的力量，鼓励大家参与到植树、栽花、种草的活动中。不仅如此，为了应对北纬 1 度炎热无风的气候挑战，新加坡还精心打造了一片海上绿洲——滨海湾公园。这里既是人们休闲娱乐的场所，也是展现新加坡环保理念的重要窗口。通过这些努力，新加坡成功地在北纬 1 度的阳光下营造出一片绿树成荫、花香四溢的绿地，为市民和游客提供了一个远离尘嚣、亲近自然的理想空间。

第二，高度重视城市绿色和蓝色规划。早在建国初期，新加坡就把规划作为政府的第一资源、第一责任，聘请国际知名专家，历时 4 年，高起点、高质量地编制了概念规划和多层次规划，其中包括公园绿地系统规划，该规划每 10 年编制一次，每 5 年检视（修编）一次。②

① 《探秘新加坡"花园城市"建设》，载于《群众》（决策资讯版）2021 年 3 月 23 日。
② 谢新松：《新加坡建设"花园城市"的经验及启示》，载于《东南亚南亚研究》2009 年第 1 期。

第三，尊重自然法则，进行城市生态建设。新加坡的园林景观以其独特的自然之美而著称，这里的植被覆盖着大片的绿色，但并不是那种被修剪得整整齐齐的绿蒿和灌木。草坪，行道树，以及各类灌木都有着它们各自的生长轨迹，没有人为修剪的痕迹。这一点体现了新加坡园林设计的核心理念——尊重自然，尽可能地保留植物的自然生长状态。这种做法不仅有利于植物的健康成长，而且还有效减少了人力和物力的浪费，因为过多的修剪工作往往需要大量的人力来执行。在新加坡植物园，双溪布洛湿地等著名公园里，除了一些必需的车行道外，其他的人行步道大多采用砂土铺设。台阶部分则使用枕木或者石屑制成的植草砖，这样的材料既环保又能与周围环境相融合。设计师们在规划步道时，极力减少硬地铺装的面积，以避免对树木根系的生长造成阻碍。他们的目标是最大程度上保持将道路对园林植物的影响降到最低，让这些宝贵的自然元素得以自由呼吸，展现出真正的自然风貌。

第四，坚持政府主导养护，实现可持续的发展。采取"种管养分离"的模式，实行政府引导。近年来，政府在绿化方面的经费已达一亿两千万新元，其中95%来自政府。1/3 是新加坡园林管理局员工的薪水，1/3 是发展和整修公司。同时，对于那些破坏花园的人，将会受到严厉的惩罚。把教育与惩罚有机地结合在一起，所以蓄意毁坏绿地的情况是很少发生的。

（2）人造景观，构建"绿色中央公园"——纽约。

纽约作为世界经济中心，位居世界三大金融中心之一。其金融发展指数更是在全球排名第一。在金融领域，纽约拥有全球最大上市公司总市值，由于其自身发展传统甚至是地理环境的因素，纽约成为国际金融中心①。除此之外，纽约还聚集了服装、化妆品、印刷等各个行业，同时石油加工、机器制造、食品加工和军火生产也有重要地位。在纽约的发展过程中，以金融为主的服务业逐渐成为其主导产业，医疗服务和教育服务悄然成为最大的服务业部门，纽约的产业结构也不断调整转向第三产业，这种第三产业的发展是城市生态同步发展的基础。纽约市经济发展水平在美国居前列，在经济发展中，第三产业占比超过九成，这种第三产业的发展与强大使得纽约在去工业化过程中仍能保持经济增长，

---

① 宗良、温彬、陆晓明：《纽约金融中心建设的经验与启示》，载于《国际金融》2013年第 9 期。

与世界保持密切联系，有利于纽约保持长期的经济繁荣。在这种经济繁荣的同时，纽约也注重生态的同步协调发展，纽约的中央公园就是一个很好的例子。

纽约中央公园被称为一大发展奇迹，中央公园位于纽约曼哈顿，占地面积为 341 万平方米，拥有超过 25000 棵树木。园内还分布着两个大湖以及 21 个儿童游乐场、美术馆和网球场等设施；[①] 此外，还有广阔的草地、专业的溜冰场、配备有舞台和灯光的剧场以及动物园等丰富的活动空间。纽约中央公园在建设过程中，保留了曼哈顿原有的地形地貌，并把一些奇特的地形地貌作为其景观的一个重要组成部分，提高了绿地覆盖率，优化了生产生活环境，并且被联合国教科文组织列入《世界遗产名录》。同时，纽约中央公园虽然占据了较大的面积，但是它同样具有经济价值，正是因为这块中央绿地的出现，拉动了这片土地的价值，豪宅遍布在中央公园附近，在中央公园建设后，它深深影响着纽约的人与人的关系、阶层之间的关系，帮助纽约成为世界级的都市。

纽约中央公园的成功经验有四点。首先，传承历史，保护城市原始形貌，激发城市景观创新性。纽约中央公园保存了曼哈顿原有地表的变化和地形原貌，裸露岩石作为景观巧妙地成为公园景观的一个重要组成部分，为大都会的曼哈顿原貌留下了历史的记忆。从 19 世纪末到 20 世纪初，纽约中央公园一直是美国人观赏风景、休闲娱乐和进行社会活动的主要场所之一。

其次，组织、协调城市交通，注重城市建设发展的前瞻性。纽约中心公园将穿越园区的市政道路进行了下沉处理，以解决外部的交通问题，确保了整个城市的运输体系的畅通；同时，还开始试验将城市绿色公园与邻近的住宅区联系起来，这样就能为市民提供更便捷的去公园的途径。

再次，城市环境系统的动态平衡，遵循共生共存的生态性。纽约中心公园内有多种花草树木，构成了湖泊、岩石、草地、森林等各种自然景观，与周围的各种绿色斑块相互呼应，与居住区相连，构成了都市的一道天然风景。城市建设保留了丰富的景观资源，实现了全面的生态服务，也缓解了城市内涝、减少了径流污染、保护和改善了城市生态环境。

最后，合理利用自然资源，促进城市经济价值的提升。纽约的中央

---

① 刘少才：《纽约中央公园——城市绿洲》，载于《南方农业》2013 年第 7 期。

公园坐落在一片狭窄的土地上，它的地基是一片低洼的沼泽地和光秃秃的石头，这使它既不适合农业，也不适合发展房地产。但随着公园的建设，周围土地的经济价值也得到了提升，于是上东区就出现了大都市里的豪宅。因此，在城市规划与建设中，对可用用地进行合理的开发与整合，不仅可以为创建城市公共景观空间提供一种有效途径，也可以提高城市的经济价值。

（3）生态立市，构建"绿色低碳城市"——珠海。

珠海作为我国经济四大特区之一，与其他特区比起来，是明显的"晚发育"，但是其经济发展速度已经使其成为广东最快经济体。自从改革开放以来，珠海就秉持"生态立市"的理念，产业发展以高科技高附加值产业为主，发展绿色低碳经济，既重视经济，又不忽视生态，因此成为我国第一个荣获联合国"国际改善人居环境最佳范例奖"的城市。近几年，珠海着力构建"森林郊野""水网湿地""都市特色""社区村居"四大公园体系。一系列配套齐全的城市公园，使得珠海形成了"园在城中，城在园中，城园相融"的公园网络。随着绿色空间的增加，珠海的空气质量也逐渐向好，彰显着珠海生态文明建设实力。最具代表性的新湾区，一直坚持高质量的绿色发展，在建设生态新城方面取得了卓越成果。生活居住环境的改善吸引了大量的人才定居，为未来高科技产业的发展储备了大量的人才，如一些电子、信息、新能源和新材料企业，这些企业同时成为珠海经济发展的重要引擎。同时叠加"生态＋人才＋高新技术产业"，使珠海在未来可持续经济发展中占据重要地位。

珠海的成功，不同于其他特区，得益于其产业结构的转型。近几年，珠海集中于信息技术，高端装备制造业等战略性新兴产业，这些新兴产业的发展不仅带动了全市的经济增长，也提供了更多的工作岗位，提高了人民的生活质量。并且，随着生活条件的改善，这种绿色经济发展方式得到了认可，居民生态意识也逐渐提高。珠海通过积极优化调整产业结构布局，探索出了一条绿色、低碳、循环发展之路。

珠海的绿色城市建设，不仅为市民带来了生活水平的显著提升，更是在生态文明建设方面迈出了坚实的步伐。通过这一系列的努力，城市的生态环境质量得到了极大的优化，生态空间格局也因此得到了科学合理的调整和完善。如今，珠海市民们可以享受到更加舒适、健康的绿色生态生活方式，这不仅仅体现在居住环境上的改善，还包括了日常活动中对自然生态的亲近与尊重。为了推进这些目标，珠海市出台了一系列生态发展建设规划。这些政策的具体实施，有效推动了生态环境的持续改善，使市民生活条件的进一步改善成为可能。居民们得以在繁华都市中享受到宁静自然的生活空间，这样的生态空间格局的优化，无疑增强了人们的幸福感。从高空俯瞰，这座城市如同一个巨大的绿色花园，绿树成荫，鲜花盛开，空气清新，每一片绿地都记录着城市发展的绿色足迹，见证着深入人心的绿色城市理念。

在城市绿化助力生态文明建设和绿色城市的发展的同时，珠海市的空气质量也一直被作为生态文明建设最直观的显现。作为绿色发展的硬指标之一，空气质量彰显着珠海生态文明建设实力。随着生态文明理念的日益深入，珠海更是把"生态文明"的理念融入珠海人民的生产生活方式和消费方式之中，并认识到"两型"的发展需要，这也是珠海进一步深化"供给侧结构"改革的重点。根据《广东统计年鉴》，"十三五"期间，珠海市的单位国内生产总值能源消耗降低了 17.6%，平均降低了 3.8%。珠海 2018 年单位工业增加值能源消耗减少 8.8%，高于全省指标。其中，限额以上工业用能总量为 616.6 吨，同比增长 4.1%。全年全社会用电 175.99 亿度，比上年增长 8.2%。其中，工业用电 142.2 亿度，增长 6.8%。

2.3.2　路径—行动

借鉴已有城市生态软实力建设相关案例，相关路径行动总结如下。

1. 树立生态形象，提升城市知名度

城市生态形象建设首先从生态环境的改善入手。一方面重视生态基底的保护，不仅能够美化环境，更能提升城市的整体韧性。通过增强绿化覆盖率，不仅能够有效降低城市热岛效应，还能增强城市对自然灾害的抵御能力，减少灾害发生时造成的损失。同时，我们也需要不断完善相关的防灾减灾机制，从源头上预防和减轻自然灾害的发生，从而确保城市生态环境的质量得到持续提升。另一方面，抓好生态园林与公园的规划与建设，以构建绿色生态廊道为目标，精心打造人与自然和谐共生的居住环境。通过这样的设计理念，可以吸引更多人才选择落户，促进经济社会的可持续发展。在招商引资方面，要利用好这些绿色空间，让它们成为展示城市魅力、吸引投资的重要窗口。总之，要在保护生态的同时，充分挖掘和发挥这些资源的潜在价值，为绿色经济的繁荣奠定坚实基础。

2. 发展生态活力，实现生态经济化

丰富产业业态，用绿色和生态培育新经济、新动能。推动产业结构转型升级，发展可再生资源产业、环保产业，重点发展高新技术产业，控制污染产业，提高第三产业的比重，形成城市绿色空间格局。依靠本地资源禀赋条件，发展相关优势产业，延长产业链，提升科技创新水平。发展旅游业、特色农业等，实现三次产业协调发展，以生态发展作为城市经济增长的活力。一方面促进生产生活方式转型，走可持续的绿色发展道路；另一方面拓展了城市生产生活空间，提升居民幸福感。

3. 践行生态文化，丰富城市生产生活方式

形成绿色、低碳、资源为导向的发展方向，为城市持续增长提供永续发展动力。构建生态物质文化和精神文化。生态精神文化是生态文化的核心，对城市生态软实力的建设过程起着渗透作用。生态物质文化体现在城市居民的环保行为上，生态文化建设的宗旨是在人们生产生活中，坚持节约资源、保护环境的生态意识，在追求经济效益的同时也实现生态效益。践行城市生态文化，实现城市的可持续发展。

4. 完善生态制度，推动生态资源价值化

建立高效完善的生态制度，才能防止"公地的悲剧"发生。健全生态环境保护制度，落实生态环境保护责任制度。建立城市生态补偿制度，根据实际情况，进行政策、人才和资金等多样性补偿，激发居民保护生态环境的积极性。同时完善公众参与生态保护制度建设，通过制定相关法律法规和配套政策，进一步规范公众在生态保护方面的行为。构建一个将经济发展与环境保护相结合的综合考核机制，其中明确规定生态文明建设的要求、奖惩措施以及评价标准。在经济发展绩效考核指标体系中纳入生态资源消耗指标、生态效益指标和环境损害指标，考核权重进一步加大，约束环保行为。保护生态环境必须依靠制度，依靠法治建设，通过健全法治体系，更好地规范开发、利用、保护自然生态环境和节约利用资源的行为，助力城市生态软实力的提升。

第3章 黄河流域城市生态
软实力综合测度

3.1 黄河流域城市生态软实力指标体系构建

3.1.1 构建原则

指标体系构建需要遵循一定的原则。

1. 数据可得性原则

城市生态软实力指标的数据首先应满足可得性原则。这是因为城市生态软实力评价对象是城市的生态发展效率，所以需要通过评价指标具体实施，所以在选择具体指标时，需要的数据在现有统计中是容易获得的。同时这种获得来的数据是具有广泛应用性的。

2. 科学性原则

科学性原则是构建城市生态软实力指标体系的又一原则。构建城市生态软实力指标体系，既要反映不同城市的综合发展程度，又要反映不同城市的生态发展路径。在具体指标的收集整理过程中，要综合考虑、合理处理具体指标。

3. 代表性原则

城市生态软实力指标体系的构建还应考虑代表性原则。黄河流域各省、地级市的实际发展状况和资源条件也存在差异。各地区在生态保护、产业结构、自然环境等方面也有许多不同的特点，在评价黄河流域城市生态软实力建设时，应充分考虑各地区的特点，确保指标体系的代表性和公平性。

4. 可操作性原则

城市生态软实力的研究需要得到一个具体量化的结果，所以计算方法上需简便可操作。部分数据仅局限于区域层面，立足于研究区域为城市层面，选择具有代表性的指标。

5. 实际性原则

城市生态软实力的建设具有一定的现实意义，并且世界上已有部分地区开展了相关城市的建设，借鉴部分城市生态或低碳建设经验，主要集中于保护生态环境、区域文化繁荣和增强经济绿色活力三个方面，基于此，本部分构建生态文化软实力指标体系。

3.1.2 指标体系

依据城市生态软实力内涵，考虑构建原则，选择生态形象、生态文化、生态制度、生态活力为一级指标，其中具体包含 12 个二级指标。表 3-1 给出了具体指标体系。

表 3-1　　　　城市生态软实力指标体系

一级指标	二级指标	具体指标	单位	数据来源
生态形象	大气质量	城市空气质量优良天数比例	%	中国空气质量在线监测分析平台
	人居环境质量	城市公园绿地面积占城市建成区面积的比重	平方米	中国城乡建设统计年鉴
	生态关注度	生态文明建设为热词的搜索指数日均值	条	百度指数
生态文化	节约用水	城市人均日生活用水量	升	中国城乡建设统计年鉴
	绿色出行	每万人公共汽车客运总量	人/百万人	中国城市统计年鉴
	清洁能源使用	天然气普及率	立方米/百万人	中国城乡建设统计年鉴

一级指标	二级指标	具体指标	单位	数据来源
生态制度	资金保障	市容环境卫生投资占财政支出的比重	%	中国城乡建设统计年鉴
	人员配置	水利、环境和公共设施管理从业人员数占比	%	中国城市统计年鉴
生态活力	经济实力	城市人均 GDP	元	中国城市统计年鉴
	旅游效益	城市旅游收入占 GDP 的比重	%	各地级市统计年鉴
	科技活力	城市每万人绿色专利申请量	个/百万人	国家知识产权局、WIPO 绿色专利清单

1. 生态形象

在现代城市的快速发展中，生态形象逐渐成为了衡量一个城市文明程度的重要指标。生态形象不仅关乎城市内部生态环境的建设与保护，更是城市对外展示其生态文明建设成果和理念的窗口。一个拥有良好生态形象的城市，不仅能让本地居民在享受高品质生活的同时，拥有更多的获得感和幸福感，还能吸引更多外界的关注和赞誉，为城市的可持续发展注入新的活力。此次研究从城市空气质量优良天数比例、城市公园绿地面积占城市建成区面积比重，以及以生态文明建设为热词的城市搜索指数日均值三个指标来表征生态形象。

空气质量是城市生态环境质量的直接体现，也是居民生态幸福感与满足感的重要来源。当一个城市的空气质量优良天数比例较高时，意味着居民在日常生活中能够呼吸到更加清新、健康的空气，从而进一步提高居民的生活质量和幸福指数。同时，优良的空气质量也是城市生态文明建设成果的重要展示，表明城市在治理空气污染、保护生态环境方面取得了显著成效。因此，城市空气质量优良天数比例不仅是一个简单的数据指标，更是一个城市生态文明建设水平的重要衡量标准。

城市公园绿地面积占城市建成区面积比重这一指标则从另一个角度展现了城市的生态文明建设成果。公园绿地作为城市生态系统的重要组成部分，不仅为居民提供了休闲娱乐的好去处，更是城市生态环境的绿色屏障。一个拥有较高公园绿地面积比例的城市，不仅能够在视觉上给人以美的享受，更能在生态上为城市带来诸多益处。比如，绿地能够吸收空气中的污染物、调节城市气候、缓解城市热岛效应等。因此，城市公园绿地面积占城市建成区面积比重的高低，直接反映了城市在生态文明建设方面的投入和成果，也体现了居民对于生态幸福感的追求和满足。

当然，生态形象不仅仅体现在本地居民的感受和体验上，还需要得到外界的认可和关注。以生态文明建设为热词的城市搜索指数日均值这一指标，为我们提供了一个衡量城市对外生态知名度的有效工具。在互联网时代，搜索引擎已经成为人们获取信息的重要途径。当一个城市的生态文明建设成果和理念能够通过搜索引擎得到广泛传播和关注时，就意味着该城市在对外生态知名度方面取得了较高的成就。这种知名度不仅能够提升城市的品牌形象和吸引力，还能为城市的经济发展和社会进步带来更多的机遇和可能。因此，以生态文明建设为热词的城市搜索指数日均值的高低，不仅是一个数据指标，更是城市对外生态知名度和影响力的重要体现。

2. 生态文化

生态文化，作为推动社会走向生态发展之路的核心精神力量，承载着人们对绿色、和谐、可持续发展的追求与向往。它不仅仅是一种理论或理念，更是一种深深植根于居民心中的生态价值观念，这种价值观驱动着居民在日常生活中实践绿色、低碳、环保的生活方式。生态文化的重要性不言而喻，它为我们走生态发展之路提供了坚实的思想基础和行动指南。

生态文化的核心在于本地区居民的生态价值观念。这种价值观念的形成，既是文化传承的结果，也是社会发展和时代变迁的必然产物。随着人类对自然环境的认识不断加深，对生态问题的关注度也日益提高，生态文化逐渐成为社会主流文化的重要组成部分。在这个过程中，居民作为社会发展的主体，他们的生活方式、消费习惯、环保意识等，都直接影响着生态文化的建设和发展。

居民的绿色生活方式是生态文化建设最直接的体现。这种生活方式涵盖了日常生活的方方面面，从节约用水、用电，到减少碳排放、垃圾分类，再到选择绿色出行方式等，都是绿色生活方式的具体表现。以城市人均日生活用水量为例，直接反映了居民在日常生活中对水资源的节约程度。当居民能够自觉减少用水量，采用节水器具，或者通过雨水收集等方式实现水资源的循环利用时，就意味着他们的生态价值观念已经深入人心，绿色生活方式已经成为他们的自觉行动。

每万人公共汽车客运总量则是衡量居民绿色出行方式的重要指标。随着城市化进程的加快，交通拥堵、空气污染等问题日益严重，绿色出行方式显得尤为重要。公共汽车作为一种低碳、环保的出行方式，不仅能够减少私家车的使用，降低碳排放，还能够缓解交通压力，提高城市运行效率。因此，每万人公共汽车客运总量的高低，直接反映了居民在出行方式上的绿色化程度，也体现了城市在公共交通建设方面的成果和水平。

天然气普及率则是另一个反映居民绿色生活方式的指标。与传统的煤炭、石油等能源相比，天然气具有清洁、高效、低碳等优点，是推广绿色能源的重要选择。当城市中的天然气普及率较高时，意味着居民在日常生活中更多地使用清洁能源，减少了对环境的污染和破坏。这不仅有利于改善城市空气质量，提高居民生活质量，还有助于推动能源结构的优化和升级，促进经济的可持续发展。

在对生态文化进行评价时，我们需要综合考虑当地居民绿色生活的实践程度和文化基础。一方面，我们要关注居民在日常生活中的实际行动，看他们是否真正将生态价值观念转化为绿色生活方式；另一方面，我们也要关注该地的文化基础，看当地是否有深厚的生态文化底蕴和丰富的生态教育资源，能否为居民提供足够的支持和引导。只有当居民在绿色生活方式上有了显著的进步，同时当地文化也具备了足够的生态内涵时，我们才能说该地的生态文化建设取得了真正的成功。因此选用城市人均日生活用水量、每万人公共汽车客运总量和天然气普及率表示生态文化。

3. 生态制度

在探讨城市生态软实力的构建过程中，生态制度无疑扮演着一个举足轻重的角色。生态制度不仅为城市的可持续发展提供了坚实的制度保障，更是生态软实力建设的重要基石。政府的投入，特别是人才和资金的投入，对于城市生态软实力的提升具有至关重要的意义。

生态制度作为城市生态软实力的重要组成部分，是确保生态文明建设有序进行的关键。一个健全、完善的生态制度，能够明确各方在生态文明建设中的责任和义务，为各项工作提供明确的指导和规范。它不仅能够有效地防止和减少环境污染和生态破坏，还能够促进资源的节约和高效利用，推动城市向着更加绿色、低碳、可持续的方向发展。在这个过程中，市容环境卫生投资占财政支出的比重，是衡量政府在生态文明建设领域投入程度的重要指标之一。当政府愿意将更多的财政资源投入市容环境卫生等基础设施的建设和管理中时，意味着这座城市对于生态环境的重视程度不断提高，生态软实力也在同步增强。

同时，水利、环境和公共设施管理从业人员数占比也是反映生态制度建设水平的重要方面。这些从业人员是城市生态文明建设的重要力量，他们的工作涉及水资源的保护、环境的治理、公共设施的建设和维护等多个方面。这些从业人员具备专业知识和实践经验，能够有效地推动各项生态环保政策的落地实施，为城市的可持续发展提供有力支撑。

在生态制度的建设过程中，政府的投入起着至关重要的作用。人才和资金是生态制度建设不可或缺的两个要素。在人才方面，政府需要积极培养和引进一批具备专业知识和技能的人才，为城市的生态文明建设提供有力的人才保障。相关人才可以参与到生态环保政策的制定、实施和监督等各个环节中，为城市的可持续发展贡献自己的力量。在资金方面，政府需要加大对生态文明建设的投入力度，确保各项工作的顺利开展。通过加大财政投入、引导社会资本参与等方式，为城市的生态文明建设提供充足的资金支持，并应用于市容环境卫生等基础设施的建设和维护、生态环保项目的实施等方面，为城市的可持续发展提供坚实的物质基础。

综上所述，生态制度是城市生态软实力的重要保障之一。政府需要加大对生态文明建设的投入力度，包括人才和资金的投入，以确保生态制度的健全和完善。同时，各方也需要共同努力和持续推进生态制度的建设和发展，为城市的可持续发展提供坚实的制度保障。在这个过程中，市容环境卫生投资占财政支出的比重和水利、环境和公共设施管理从业人员数占比等指标可以作为衡量生态制度建设水平的重要依据，为我们更好地理解和推进城市的生态文明建设提供有益的参考。

4. 生态活力

城市生态活力展现了一个城市如何依托其独特的生态资源，创新并创造新的价值。这种活力不仅体现在社会经济收入的持续增长上，更在于绿色、可持续的经济发展模式的构建与推进，预示着城市未来生态发展的广阔前景。

人均 GDP，作为衡量一个国家和地区经济发展水平和人民生活水平的重要指标，同样也在一定程度上反映了城市生态活力的强弱。当城市能够充分利用其生态资源，推动绿色产业的发展，优化经济结构，提高生产效率时，其人均 GDP 自然也会随之增长。这种增长不仅是经济繁荣的体现，更是城市生态活力旺盛的象征。它意味着城市在经济发展的同时，也注重生态环境的保护，实现了经济与生态的和谐发展。

然而，生态活力并不仅仅局限于传统的经济指标。在绿色经济的浪潮下，社会绿色创造收入成为了衡量城市生态活力的重要方面。旅游收入占 GDP 的比重，就是这一方面的直观体现。一个拥有丰富生态资源的城市，往往能够吸引大量的游客前来观光、休闲、度假，从而带来可观的旅游收入，不仅直接促进了城市经济的发展，更在无形中提升了城市的知名度和美誉度，增强了城市的生态软实力。同时，旅游业的发展还能够带动相关产业的繁荣，如交通、餐饮、住宿等，形成良性循环，进一步推动城市经济的发展。除了社会经济收入和绿色创造收入外，城市每万人绿色专利申请量也是衡量城市生态活力的重要指标。绿色专利，是指与环境保护、节能减排、资源循环利用等相关的专利，它们是绿色技术创新的成果，也是推动绿色经济发展的重要动力。一个城市每万人绿色专利申请量的高低，直接反映了该城市在绿色技术创新方面的能力和水平。当城市能够积极投入研发资源，推动绿色技术的创新和应用时，其绿色专利申请量自然也会水涨船高。绿色专利申请量的增长不仅为城市的绿色经济发展提供了有力支撑，更为城市的未来生态发展注入了强大的活力。

城市生态活力的强弱，直接关系到城市的可持续发展能力。一个生态活力旺盛的城市，能够在保持经济快速发展的同时，注重生态环境的保护，实现经济与生态的和谐发展。因此，对于生态活力，本书选取人均 GDP、旅游收入占 GDP 的比重和城市每万人绿色专利申请量来表示。

3.1.3　评估方法

1. 专家打分法

参考以往研究成果，采用专家打分法，对选择的城市生态建设软实

55

力指标体系进行评价打分，城市生态软实力得分计算公式为：

$$T_i = \sum_{i=1}^{n} R_i P_i \qquad (3-1)$$

式中，T_i 为第 i 城市的城市生态软实力建设程度；n 为评价指标；R_i 表示具体 i 指标的标准化值；P_i 代表具体 i 指标的权重。本书采用德尔菲法确定指标权重 P_i，参考现有研究对于指标权重的赋值，通过咨询相关专家的意见，从而确定本研究中具体指标的权重。

2. 泰尔指数

泰尔指数能较好地展示个人和地区之间的收入差距。为了分析黄河流域城市生态软实力的差异，本书通过泰尔指数测算了黄河流域总体差异、区域内差异、区域间差异以及相关贡献率。

$$T = \frac{1}{k} \sum_{q=1}^{k} \left(\frac{S_q}{\overline{S}} \times \ln \frac{S_q}{\overline{S}} \right) \qquad (3-2)$$

$$T_p = \frac{1}{K_p} \sum_{q=1}^{K_p} \left(\frac{S_{pq}}{\overline{S_p}} \times \ln \frac{S_{pq}}{\overline{S_p}} \right) \qquad (3-3)$$

$$T = T_w + T_b = \sum_{p=1}^{4} \left(\frac{K_p}{K} \times \frac{\overline{S_p}}{\overline{S}} \times T_p \right) + \sum_{p=1}^{4} \left(\frac{K_p}{K} \times \frac{\overline{S_p}}{\overline{S}} \times \ln \frac{\overline{S_p}}{\overline{S}} \right)$$

$$(3-4)$$

式（3-2）中，T 表示黄河流域城市生态软实力建设的总体差异泰尔指数，其大小处于 [0, 1]，泰尔指数越小，说明城市生态软实力建设的总体差异越小，反之则说明总体差异越大。q 代表不同城市，k 表示城市的数量，S_q 表示城市 q 的城市生态软实力发展水平，p 表示黄河流域城市生态软实力建设的平均值。式（3-3）中，T_p 表示区域 p 的总体差异泰尔指数，K_p 表示区域 p 的城市数量，S_{pq} 表示区域 p 城市 q 的城市生态软实力建设水平，$\overline{S_p}$ 表示区域 p 的城市生态软实力水平均值。式（3-4）中，通过区域内差异泰尔指数 T_w 和区域间差异泰尔指数 T_b 将城市生态软实力发展的总体差异泰尔指数进行分解，计算区域内差异和区域间差异对总体差异的贡献率 T_w/T 和 T_b/T，$(S_p/\overline{S}) \times (T_p/T)$ 为各区域对区域内总体差异的贡献率，S_p 表示区域 p 内各城市的城市生态软实力发展水平之和，$\overline{S}$ 则表示整个流域城市生态软实力发展水平之和。

3. 空间自相关

由于城市之间不是孤立存在的，采用空间自相关来研究各个城市生态软实力的相互依赖性，具体选择全局莫兰指数。全局 Moran's I 指数计算方法如下：

$$I = \frac{n \sum\limits_{i=1}^{n} \sum\limits_{j=1}^{n} W_{ij} |x_i - x|}{\sum\limits_{i=1}^{n} \sum\limits_{j=1}^{n} W_{ij} \sum\limits_{i=1}^{n} |x_j - x|^2} \qquad (3-5)$$

Moran's I 取值在 -1 到 1 之间，I > 0 表示存在空间正相关，I < 0 表示负相关。空间权重矩阵采用空间邻接矩阵，确定空间权重矩阵 W 的规则如下：W_{ij} 指区域或位置 i 与 j 之间的空间权重，设定若空间单元 i 与 j 相邻时，$W_{ij} = 1$ 否则 $W_{ij} = 0$。

4. 修正的引力模型

引力模型来源于牛顿的万有引力法则，在这个法则中指出，两物体间引力与质量成正比，与距离成反比。后来万有引力法则逐渐拓展到其他领域。本书以修正的引力模型来衡量城市间的联系强度。表达式为：

$$F_{ij} = K \frac{Q_i Q_j}{D_{ij}^2} \qquad (3-6)$$

式中，F_{ij} 代表城市 i 和城市 j 的引力；而 Q_i 和 Q_j 则表示 i、j 两个城市的城市生态软实力值；D_{ij} 为两城市之间的距离；K 为平均高程。

3.1.4 数据来源与说明

本书研究对象为黄河流域九个省份的 99 个设区市级的城市。为保证数据的准确性，数据来源于中国城市统计年鉴和中国城乡数据建设库。如无特别说明，则本书的研究数据均与上述一致，下文不再赘述。部分缺失值采用线性插值进行补充。其中，参考《城市居民生活用水量标准》，指标人均日生活用水量选取 150L 为理想值，采取赋分制取值，共分为十个等级，其中 145~155L 区间为最理想等级，取值为 100 分，低于 145L 以及高于 155L 取值依次递减。在进行具体研究之前，对数据进行归一化处理，从而消除数据量纲的影响。针对海西蒙古族藏族自治州、玉树藏族自治州等自治州，数据存在缺失，为研究准确性，本书不予考虑。

3.1.5 研究区概况

黄河流域共流经9个省区的99个城市,共包括七大城市群,即兰西城市群、宁夏沿黄城市群、晋中城市群和山东半岛城市群、中原城市群、关东平原城市群和呼包鄂榆城市群①。为保证数据的完整性和方法的准确性,部分数据缺失严重的地区删除。

1. 黄河流域自然地理状况

黄河流经我国东部、中部和西部地区,整个流域幅员辽阔,地理特征各异。它穿过青藏高原、内蒙古高原、黄土高原和华北平原。地势西高东低、上中下游水文差别大。黄河上游占全长的60%,水利资源丰富;中游地区汇入支流30多条,绝大部分流经水土流失严重的地区,该流域水利资源也丰富;黄河下游地区以平原丘陵为主,由于黄河流域流经范围广,各地区生态建设的自然条件与历史因素不同,所以在城市生态软实力建设中也表现出差异性。

黄河流域的源头位于青藏高原的巴颜喀拉山脉,这里地势高耸,冰川广布,是黄河生命的起点。在黄河上游地区,黄河穿越了雄伟的青藏高原,这里的山脉险峻,河谷深切,为黄河提供了源源不断的水源。随着河流的向东流淌,黄河进入了内蒙古高原,这里地势相对平坦,草原广袤,河流在此形成了宽广的河谷和湖泊,为当地的畜牧业提供了丰富的水资源。继续向东,黄河进入了黄土高原地区。黄土高原是中国四大高原之一,也是世界上黄土分布最集中、面积最大的区域。这里的土壤疏松,易于侵蚀,加上长期以来的农业耕作和气候变化,使得水土流失问题十分严重。黄河在黄土高原上穿行,形成了众多支流,这些支流与

① 山东半岛城市群:济南、青岛、东营、威海、烟台、日照、潍坊、淄博;

中原城市群:河南省的郑州市、开封市、洛阳市等18个城市;山西省的长治市、晋城市、运城市;河北省的邢台市、邯郸市;山东省的聊城市、菏泽市;安徽省的淮北市、蚌埠市、宿州市、阜阳市、亳州市;

关中平原城市群:陕西省的西安、宝鸡等5个城市;甘肃省的天水市、平凉市等;山西省的运城市和临汾市;

兰西城市群:以甘肃省省会兰州市、青海省省会西宁市为中心的22个城市;

宁夏沿黄城市群:银川、石嘴山、吴忠、中卫、平罗等沿黄10个城市;

晋中城市群:太原、晋中;

呼包鄂榆城市群:呼和浩特市、包头市、鄂尔多斯市和陕西省榆林市。

黄河干流相互交织，构成了复杂的水系网络，为黄河提供了源源不断的水量，也带来了大量的泥沙，使得黄河成为世界上含沙量最高的河流之一。

在黄河中游地区，河流的水文特征发生了显著的变化。由于黄土高原的水土流失问题，黄河的含沙量急剧增加，河水变得浑浊不堪。同时，由于河流的冲刷作用，黄河河床不断抬高，形成了独特的"地上河"景观。这些特点使得黄河中游地区的水利资源极为丰富，但同时也给当地的生态环境和农业生产带来了极大的挑战。

黄河下游地区则以平原丘陵为主，地势相对平坦。这里的气候温和湿润，土地肥沃，是中国重要的农业生产基地之一。然而，由于黄河流经的地域广泛，不同地区的生态环境和自然条件差异很大，导致在城市生态软实力建设中表现出明显的差异性。例如，在黄河流域的上游地区，由于生态环境相对较好，城市生态软实力建设主要以保护自然环境和生态修复为主；而在中下游地区，由于人口密集、经济发展快速，城市生态软实力建设则更加注重节能减排、环境保护和可持续发展等方面。

除了地形地貌和水文特征外，黄河流域的气候条件也对其自然地理状况产生了重要影响。黄河流域的气候类型多样，从上游的高寒气候到下游的温带季风气候，形成了独特的生态系统和生物多样性。这种气候条件不仅影响了黄河流域的植被分布和动物种群结构，也对其农业生产和城市生态建设产生了深远的影响。例如，在上游的高寒地区，由于气温低、降水少，植被以高山草甸和针叶林为主；而在下游的温带季风气候区，则形成了丰富多样的农业生态系统，为当地的农业生产提供了良好的条件。

2. 黄河流域城市发展状况

早期，黄河上游发展农业经济，成为中国农业经济开发地区。其中，主要的农业生产基地位于黄河上游的宁蒙河套平原，中游的汾渭盆地以及下游引黄灌区。农业生产基地，以及一批能源工业、基础工业基地为城市和新兴城市的进一步发展奠定了经济基础。黄河流经九个省份，形成的七大城市群为黄河流域城市高质量发展和生态软实力建设增添了动力。

在经济发展方面，黄河流域城市整体呈现出稳中向好的态势。以郑州、济南、西安等城市为代表的黄河流域中心城市，通过优化产业结构、加强区域合作、推动创新驱动发展等措施，实现了经济的高质量增长，在黄河流域城市经济发展中起到了重要的引领作用。同时，黄河流域的中小城市也在不断发展壮大，成为推动区域经济发展的重要力量。在文化传承方面，黄河流域城市拥有丰富的历史文化遗产和深厚的文化底蕴，通过挖掘和保护历史文化资源，传承和弘扬中华优秀传统文化，推动了文化产业的发展。例如，郑州作为黄河文化的重要发源地之一，通过打造"黄河文化之都"等品牌，推动了文化产业与旅游产业的深度融合。在科技创新方面，黄河流域城市积极引进和培育高端人才，加强科技创新体系建设，通过打造科技创新平台、推动产学研合作等措施，提高了科技创新能力和水平，推动科技成果转化和产业化，为经济社会发展提供了有力的支撑。

3. 黄河流域生态保护状况

由于黄河流域地理特征复杂，生态脆弱，所以黄河流域无法承载大规模的且具有破坏性的人类活动。并且中上游地区发展产业和人口聚集的规模有限，不能吸纳较多人口，同时传统的矿产资源产业使得流域内产业长期缺乏高端产业。由于环境破坏和水资源限制，黄河流域最大的问题就是生态脆弱，由此也带来民生发展不充分问题。黄河流域城市因此实施了一系列生态工程，如防护林建设、退耕还林还草，建立天然林保护工程，调整产业结构。目前黄河流域已经开展了大规模的生态保护活动，节约资源，合理用水。因地制宜发展经济，依据七大城市群保护生态建设，为生态软实力建设奠定了基础。

在黄河流经的过程中，特别是中游的黄土高原地区，由于土壤疏松、植被覆盖不足，加上长期以来的农业耕作和气候变化，黄河携带了大量泥沙，成为世界上含沙量最高的河流之一。黄河每年平均输沙量高达16亿吨，反映出黄河流域生态环境面临的严峻挑战。黄河流域的生态环境多样且复杂。从上游的高山峡谷到中游的黄土高原，再到下游的平原地区，每个区域都有其独特的生态系统。然而，由于长期以来的过度开发和不合理利用，黄河流域的生态环境遭受了严重破坏。例如，在黄土高原地区，由于植被破坏和水土流失严重，许多地方已经出现了荒漠化和石漠化的现象，不仅影响了当地的农业生产和社会经济发展，也对整个黄河流域的生态环境构成了严重威胁。

为了改善黄河流域的生态环境,我国政府采取了一系列措施。首先,加强了水土保持工作,通过植树造林、退耕还林还草等措施,增加了植被覆盖,减少了水土流失。其次,加强了水资源的保护和利用,推行了节水灌溉、雨水集蓄等节水措施,提高了水资源的利用效率。此外,还加强了污染治理和生态保护修复工作,对重点区域进行了综合治理和生态修复。近年来我国在黄河流域的生态保护方面取得重要进展,黄河上游的森林覆盖率不断提高,水源涵养能力得到增强。同时,一些湿地保护区得到了有效保护,湿地生态系统得到了恢复和改善。这些成绩的取得,离不开政府和社会各界的共同努力和投入。然而,黄河流域的生态保护工作仍然任重道远。在未来的工作中,我们需要继续加强水土保持和水资源保护工作,提高生态系统的稳定性和自我修复能力。同时,还需要加强科技创新和人才培养工作,推动黄河流域生态环境的可持续发展。

3.2　黄河流域城市生态软实力发展水平分析

3.2.1　整体态势分析

本研究首先对黄河流域城市生态软实力以及城市生态软实力得分维度进行分析,对选取评价指标进行逐一赋值,结果如图 3 – 1 和图 3 – 2 所示。可以发现:

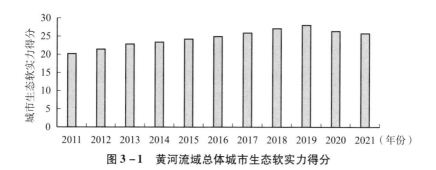

图 3 – 1　黄河流域总体城市生态软实力得分

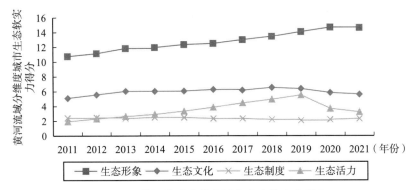

图 3-2　黄河流域分维度城市生态软实力得分

从城市生态软实力建设上，考察期 2011～2021 年黄河流域城市生态软实力整体上呈现波动上升的发展态势，2019 年达到峰值，发展具有波动性。具体来讲，综合评价得分从 2011 年的 20.19 分上升到 2021 年的 25.78 分，在 2019 年达到峰值 28.05 分，可见黄河流域城市生态软实力得分呈现出较好的趋势，2019 年之前逐年稳步增长，生态软实力建设取得明显成效。2020 年和 2021 年有所下降，主要原因在于疫情对于经济社会的冲击，导致生态文化、生态制度和生态活力的部分指标受到影响，从而导致得分有所下降。从评价得分上，黄河流域整体上得分仍在 30 分以下，表明城市生态软实力建设已经达到平台期，仍具有上升空间，需要寻找新的发展方向以突破瓶颈，鉴于城市生态软实力概念的初次提出，在后续研究中仍能继续提高。

可见，黄河流域城市生态软实力建设在不断推进。其中，从阶段性来看，早期的黄河流域城市生态软实力多依赖于自然生境的良好表现，黄河流域具有得天独厚的自然生境，拥有湿地、山水林田湖草和动植物等广泛的自然和生物性资源，城市的生态软实力在此阶段主要为自然环境的良好展现以及对居民生活质量的提升，初期黄河流域城市途经的资源丰富地区为其经济发展提供了有力支撑，这些地区丰富的矿产资源和农业资源为城市的发展奠定了坚实的基础，也为国家脱贫建设提供了重要支持。在国家的大力扶持下，黄河流域城市的经济得到了快速发展，城乡差距逐渐缩小，实现了协调发展，为城市生态软实力建设提供了有力的经济保障，黄河流域城市生态软实力在早期依靠自然生境逐年提升。随着城市化进程的加速和人口的不断增长，黄河流域城市面临着越来越大的生态环境压力。传统的依赖自然的发展模式已经难以为继，城市需要寻找新的发展路径，逐渐由依赖自然转向主动营造城市生态软实力。后期随着不断的生态保护措施，逐渐由自发走向主动营造城市生态软实力。城市开始把生态放在重要位置，采取了一系列的环境修复措施，注重环境保护和治理，一方面，加强了水土流失治理和生态林建设，有效保护了黄土高原的生态环境；另一方面，积极推进水污染治理和水资源保护，提高了黄河水质和水量。此外，城市还加强了环境保护法律法规的制定和执行力度，提高了环境保护的法治化水平，避免生态环境的进一步破坏，因而城市生态软实力建设也逐渐提高。

从分维度角度上，生态软实力中得分由高到低排序是生态形象＞生态文化＞生态活力＞生态制度，其中生态形象研究期内得分占黄河流域总体城市生态软实力得分均超过 50%，说明生态形象是构成黄河流域城市生态软实力的主要力量，并且呈现逐年上升的趋势；生态活力和生态制度的得分在研究期内趋于稳定，发展动力略显不足；而生态活力得分呈现出先上升后下降的趋势，在 2019 年达到最高值，表明生态活力在黄河流域生态软实力建设的前中期起到重要作用，但在 2019 年之后发展势头骤减，可能因为经济实力和旅游效益两个指标受到疫情影响较为明显，从而导致得分下降。

综合来看，以生态基地构建的城市生态形象在很大程度上是城市生态软实力建设的关键，它能在一定程度上改变城市风貌，加快城市自身问题解决，同时推动城市转型发展，同时，良好的生态形象可以提升城市的知名度，吸引人才要素流入，从而有利于城市生态软实力的建设，通过生态形象的塑造，城市能够向外界展示其独特的生态魅力，吸引更多的游客和投资者，不仅有助于提升城市的知名度和影响力，还能够为城市带来更多的发展机遇和合作机会。同时，生态形象的塑造还能够激发居民的自豪感和归属感，增强城市的凝聚力和向心力；生态文化在黄河流域城市生态软实力建设中排名第二，说明居民生态环保意识的提高以及生态建设理念在城市生态软实力建设中仍占据重要地位，通过加强生态文化的宣传和普及工作，可以引导居民形成正确的环保观念和行为习惯，促进城市生态环境的改善和提升。同时，生态文化还能够为城市提供丰富的文化内涵和人文底蕴，增强城市的文化软实力和竞争力；生态活力和生态制度在城市生态软实力建设中虽然处于较低位置，但同样具有不可忽视的作用。生态活力作为城市生态软实力建设的重要动力源泉之一，能够推动城市生态环境的持续改善和提升。而生态制度作为城市生态软实力建设的重要保障之一，能够为城市生态环境的持续改善和提升提供有力保障，是城市生态软实力建设的持久推进力和基石。

3.2.2　流域尺度城市生态软实力发展水平分析

从黄河流域上中下游分维度对城市生态软实力建设进行评价，取均值后结果如图 3-3 所示。可以发现：

在变化趋势上，从 2011~2021 年，上中下游分流域城市生态软实力建设均呈现波动上升态势，且上中下游变化趋势具有一致性，综合得分位于 0.2~0.3 之间。其中，上游城市生态软实力建设提升幅度最高。在上游城市，由于地处河流的源头或上游地区，其生态环境状况对于整个流域乃至更广泛区域的生态安全具有至关重要的影响。因此，上游城市在生态软实力建设方面往往面临着更高的标准和更严格的要求。这种外部压力促使上游城市在生态环境保护方面投入更多的资源和精力，从而推动了其生态软实力的快速提升。另外，上游城市在生态资源方面具有天然的优势。由于地处河流上游，这些城市往往拥有丰富的水资源、森林资源、生物多样性等生态资源，为上游城市提供了发展生态经济的坚实基础，也为其在生态软实力建设方面提供了更多的可能性和选择。通过科学合理地利用丰富的生态资源，上游城市能够创造出更多的生态价值和经济价值，从而进一步提升其生态软实力；上中下游城市生态软实力得分差距较小，城市生态软实力水平较为接近，说明城市生态软实力构成上得益于两个方面，一是上游城市依据所具有自然基底的优越条件提高了城市生态软实力；二是中下游城市虽然在自然资源方面可能稍逊一等，但往往更加注重对生态环境的保护和修复，通过实施严格的环保政策、推广绿色技术和加强公众教育等手段，不断提升城市的生态环境质量。同时，中下游城市还注重城市与自然的和谐共生，推动产业结构的优化升级，实现经济发展与生态保护的良性循环，通过行为调控等生态建设措施，实现了城市生态软实力的显著提高，在一定程度上说明了城市生态软实力建设由早期立足自身发展优势发展到后期生态再造的转变。

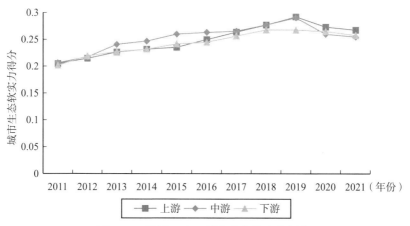

图 3 - 3　流域尺度下城市生态软实力得分

　　泰尔指数是衡量个人或地区之间收入差距的重要指标。本书利用泰尔指数分析黄河流域城市生态软实力建设的差异。测算了黄河流域总体差异、区域内差异、区域间差异以及相关贡献率。黄河流域城市生态软实力建设水平的泰尔指数及贡献率见图 3 - 4 和表 3 - 2。可以发现：

　　从总体上看，黄河流域城市生态软实力建设水平的泰尔指数在考察期 2011 ~ 2021 年间较为稳定，总体上呈下降态势，说明黄河流域整体城市生态软实力建设区内差异性不大，低水平均衡，这主要是因为生态的特质性，生态和经济发展不同，具有辐射带动作用，因此生态软实力在发展过程中一定程度上没有生态发展极点，它们所呈现的是一种集合力量而不是带动作用。

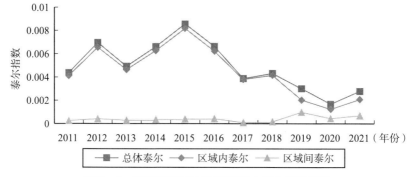

图 3 - 4　黄河流域城市生态软实力泰尔指数变化

表 3 - 2　　2011～2021 年黄河流域城市生态软实力的泰尔指数及贡献率

年份	总体差异	区域间差异及贡献率		区域内总体	区域内差异及贡献率						
					上游		中游		下游		
2011	0.00437	0.00025	5.72%	0.00412	0.00772	80.34%	0.00027	2.04%	0.00242	11.91%
2012	0.00696	0.00041	5.89%	0.00655	0.01217	80.20%	0.00041	1.91%	0.00383	11.98%
2013	0.00492	0.00028	5.69%	0.00464	0.00725	66.35%	0.00056	3.84%	0.00558	24.09%
2014	0.00661	0.00034	5.14%	0.00627	0.01078	73.43%	0.00114	5.84%	0.0049	15.67%
2015	0.00856	0.00039	4.56%	0.00817	0.01382	71.27%	0.00104	4.19%	0.00804	20.05%
2016	0.00663	0.00042	6.33%	0.00622	0.00772	52.28%	0.00365	18.75%	0.00717	22.76%
2017	0.00388	0.00009	2.32%	0.0038	0.00299	34.28%	0.00294	25.60%	0.00678	37.97%
2018	0.00432	0.00016	3.70%	0.00416	0.00447	46.66%	0.00205	15.84%	0.00676	33.67%
2019	0.00301	0.00098	32.56%	0.00203	0.00251	38.44%	0.00076	8.43%	0.00301	20.52%
2020	0.00167	0.00044	26.35%	0.00123	0.00176	48.36%	0.00128	24.71%	0.00004	0.52%
2021	0.00278	0.00069	24.82%	0.00208	0.00214	35.63%	0.00228	26.31%	0.00168	13.08%

从分解的结果来看，2011～2021年，区域内差异的贡献率均大于50%，并且区域内差异与总体差异具有极强的异质性特征，即区域内差异贡献率大于区域间差异贡献率，说明黄河流域城市生态软实力建设的总体差异主要来源于区域内差异，这是因为上中下游自然禀赋差距大，经济发展差距较大，各区域生态问题不一，因而需进一步提高区域内城市生态软实力的协同发展水平。此外，在2018年之前，区域间的差异贡献率较低，而2019年开始，区域间差异贡献率出现上升趋势，说明当下区域间差异问题逐渐变得重要起来。从分解结果来看，2011～2019年黄河流域上中下游城市生态软实力发展的泰尔指数排序为上游＞下游＞中游，而2020～2021年排序则为上游＞中游＞下游，贡献率在2021年分别为35.63%、26.31%、13.08%左右，表明黄河流域上游、下游、中游差异及贡献率差距缩小，黄河流域城市生态软实力水平需要从全流域出发，协调发展。

综上所述，从流域层面分析黄河流域城市生态软实力建设，上中下游变化趋势与整体变化趋势具有相似性，都是呈现逐年上升趋势。同时，需要注意的是区域内城市生态软实力协调发展的问题，尤其是上游地区的区域内差异，究其原因，上游各地区生态脆弱，各城市面临的生态问题不一，并且地广人稀；而中下游积累了一定的生态建设基础，所以区域内差异较小。

3.2.3 城市群层面城市生态软实力时序变化分析

黄河流域共流经七大城市群，2011～2021年黄河流域城市群层面城市生态软实力测度结果如表3-3所示，可以发现：

从城市生态软实力建设均值上看，中原城市群城市生态软实力近几年则逐渐趋于平稳，而其他几个城市群的城市生态软实力呈现"上升—下降"的结构，近几年又有上升趋势。

从局部来看，城市群的城市生态软实力从西向东是递减的。2019年之前，城市生态软实力得分最大值和最小值都是上升的特点，而在2019～2020年各城市群城市生态软实力得分都出现了轻微的下降，这主要是因为疫情对社会经济等一系列活动造成了影响，因而对各城市的生态建设造成了一定的冲击，城市生态软实力水平出现了短暂的下降。

不同城市群城市生态软实力发展原因不同。山东半岛城市群城市生态软实力具有波动性，整体上上升，这是因为山东半岛城市群的地理位置特殊，生态廊道等生态产业建设较早，构建了良好的生态形象，进而发挥了良好的生态活力。同时，政府加大监管力度，提高资源利用效率，生态制度建设完善。黄河下游经济发展水平较高，人才密集，生态文化水平较高，因此山东半岛城市群生态软实力水平得到了提升。

表 3－3　　　2011～2021 年七大城市群城市生态软实力发展水平及均值

城市群名称	项目	年份							
		2011		2015		2019		2021	
		最大	最小	最大	最小	最大	最小	最大	最小
山东半岛城市群	指数	0.28	0.13	0.37	0.16	0.49	0.16	0.43	0.17
	均值	0.22		0.27		0.29		0.27	
中原城市群	指数	0.33	0.11	0.30	0.14	0.46	0.15	0.36	0.16
	均值	0.20		0.22		0.24		0.24	
关中平原城市群	指数	0.25	0.12	0.35	0.15	0.46	0.17	0.34	0.15
	均值	0.18		0.23		0.27		0.25	
呼包鄂榆城市群	指数	0.25	0.18	0.35	0.20	0.36	0.26	0.30	0.25
	均值	0.23		0.29		0.32		0.28	
兰西城市群	指数	0.24	0.09	0.34	0.13	0.44	0.15	0.41	0.15
	均值	0.19		0.27		0.33		0.30	
宁夏沿黄城市群	指数	0.34	0.13	0.37	0.19	0.42	0.26	0.34	0.21
	均值	0.22		0.24		0.32		0.28	
晋中城市群	指数	0.33	0.20	0.34	0.28	0.41	0.24	0.29	0.18
	均值	0.26		0.31		0.32		0.23	

地处黄河下游地区，积极进行城市生态廊道等生态产业建设，构建了良好的生态形象，发挥了高效的生态活力；政府监管力度、资源利用效率以及环境治理效率直接影响了生态制度建设；高等学校密集，人才聚集，彰显了城市生态文化，从而促进了城市生态软实力建设的提升。中原城市群城市生态软实力建设在考察期内最大值和最小值较为不稳

定，出现这种特征的原因可能是，从 2011 年开始，中原城市群重视生态文明建设，开展了一些活动，包括进行产业结构调整，政府加大环境治理力度，经济发展理念得到转变，致使这一阶段生态软实力建设取得了一定成果，但是由于中原城市群人口密集，城市规模大，城镇化水平也较高，所以在发展过程中不稳定因素多，而城市生态软实力抵抗外界冲击能力弱，因此在发展上出现不稳定的特征。关中平原城市群城市生态软实力得分总体均值上升，整体上呈现平稳上升的态势，关中平原出现这种特征的原因可能是伴随着西部大开发战略和"一带一路"倡议，关中平原城市群积极促进产业结构调整，使产业更趋于高级化，进行生态软实力建设，但是由于其承接其他地区产业转移，缺乏技术创新，能源利用率仍较低，生态活力难以释放，生态软实力建设发展平稳。宁夏城市群城市生态软实力建设上升幅度较小，宁夏城市群地处上游，经济实力基础相对较弱，缺乏创新动力，绿色治理技术落后并且自然地理条件限制使生态要素不能合理有效流动，难以实现价值化，并且生态脆弱治理难度大，使城市生态软实力建设提高幅度较小。呼包鄂榆城市群和晋中城市群的城市生态软实力建设表现出上升的特点，说明在西部地区，城市生态软实力建设也取得了一定成果，这种特征离不开其自然地理区位，呼包鄂榆城市群的中心城市鄂尔多斯、包头生态基底较好，多地被批准为国家森林城市，生态形象逐渐构建起来，2019 年后出现下降主要在于随着这种生态资源的不断开发和利用，植被损耗，再加上受自然地理条件限制，生态投入不能得到有效产出，导致城市生态软实力建设水平较低。

综合来看，城市群之间城市生态软实力发展趋势逐年向好，但是仍存在一定的差异，并且发展水平较低，具有较大的进步空间。

3.2.4　设区市层面城市生态软实力时序变化分析

从设区市角度，评价黄河流域城市生态软实力，选取了黄河流域城市生态软实力建设平均值排名前 20 和后 20 的城市，结果如表 3 - 4 所示。可以发现：

在排名前 20 的城市中，城市生态软实力的平均得分介于 0.29 和 0.38 之间，相差 0.09。在排名后 20 的城市中，城市生态软实力建设平均得分介于 0.13 和 0.21 之间，相差 0.08，与前 20 名城市差距相比接近。

可见，排名前 20 的城市可以分为两类，一类是以自然生境为基础建设城市生态软实力的城市，比如排名前几名的嘉峪关、阳泉市等城市，这些城市虽然经济发展水平较低，但生态投入也较小，与以工业为主的省份相比，对生态环境造成的影响较小，生态软实力也较高；另一类是依靠后天改造为基础进行城市生态软实力建设的城市，且以沿海城市为主，山东的青岛、威海、日照、烟台等城市进入排名前 20，沿海地区以高附加值的轻工业为主，生态制度完善，人才聚集，环保理念强，有利于城市生态软实力的推广，进而有利于城市生态软实力的建设。黄河下游的山东位于东部沿海地区，经济发达，提供了良好的发展基础，丰富的自然资源以及对外贸易条件优越，产业结构持续高级化，促进了城市生态软实力的提升。并且前 20 名城市生态软实力建设差距较大，总体城市生态软实力建设水平较低，仍有很大的提升空间。排名后 20 的城市主要位于河南、山西和山东，山东的城市主要集中于中西部，原因可能在于中西部城市与沿海城市相比，早期以工农业为主，污染小，后期随着不断承接东部地区的产业以及自身工业企业的发展，造成了一定程度的环境污染。加上生态形象和生态制度上建设较慢，所以城市生态软实力发展较为滞后。而山西的部分城市早期以煤炭为主，是资源型城市，加上缺少人才与创新能力，所以生态软实力建设处于低水平。同时，排名最后的城市得分是 0.13，和排名第一城市相比低 0.25，说明黄河流域城市生态软实力建设差距较小，可以同步一体化推进黄河流域城市生态软实力建设。

表 3-4　　　　2011~2021 年黄河流域城市部分生态软实力得分

| 城市 | 城市生态软实力排名前 20 城市 | | | | | | | | | | | |
---	2011年	2012年	2013年	2014年	2015年	2016年	2017年	2018年	2019年	2020年	2021年	平均分
青岛市	0.28	0.29	0.33	0.32	0.33	0.38	0.40	0.49	0.49	0.41	0.40	0.38
济南市	0.27	0.30	0.33	0.35	0.36	0.39	0.41	0.43	0.45	0.39	0.43	0.37
银川市	0.34	0.38	0.41	0.36	0.37	0.37	0.35	0.42	0.42	0.36	0.34	0.37
兰州市	0.23	0.22	0.32	0.30	0.36	0.39	0.40	0.44	0.39	0.41	0.35
太原市	0.33	0.30	0.32	0.33	0.34	0.35	0.38	0.40	0.41	0.37	0.29	0.35

城市	城市生态软实力排名前20城市											
	2011年	2012年	2013年	2014年	2015年	2016年	2017年	2018年	2019年	2020年	2021年	平均分
西安市	0.25	0.26	0.31	0.34	0.35	0.34	0.37	0.39	0.46	0.39	0.34	0.35
威海市	0.27	0.30	0.30	0.33	0.37	0.38	0.38	0.39	0.39	0.32	0.33	0.34
西宁市	0.24	0.28	0.28	0.32	0.34	0.33	0.36	0.38	0.43	0.40	0.39	0.34
嘉峪关市	0.27	0.35	0.29	0.27	0.28	0.36	0.36	0.35	0.42	0.39	0.36	0.33
鄂尔多斯市	0.25	0.28	0.34	0.36	0.35	0.39	0.36	0.34	0.32	0.32	0.28	0.32
成都市	0.25	0.26	0.29	0.29	0.31	0.36	0.39	0.39	0.40	0.34	0.31	0.32
郑州市	0.24	0.23	0.25	0.24	0.26	0.28	0.39	0.45	0.46	0.37	0.36	0.32
呼和浩特市	0.25	0.27	0.32	0.32	0.32	0.33	0.36	0.39	0.36	0.28	0.27	0.32
乐山市	0.29	0.30	0.26	0.29	0.29	0.28	0.31	0.34	0.35	0.44	0.34	0.32
烟台市	0.27	0.31	0.33	0.31	0.33	0.32	0.32	0.26	0.33	0.31	0.32	0.31
淄博市	0.24	0.25	0.26	0.29	0.30	0.34	0.35	0.35	0.36	0.33	0.32	0.31
阳泉市	0.21	0.29	0.32	0.30	0.36	0.33	0.29	0.34	0.34	0.21	0.28	0.30
乌海市	0.19	0.22	0.22	0.32	0.33	0.32	0.36	0.41	0.36	0.23	0.27	0.30
日照市	0.19	0.31	0.27	0.30	0.32	0.26	0.36	0.32	0.33	0.27	0.30	0.29
宝鸡市	0.21	0.23	0.28	0.30	0.33	0.31	0.29	0.29	0.35	0.31	0.32	0.29
城市	城市生态软实力排名后20城市											
	2011年	2012年	2013年	2014年	2015年	2016年	2017年	2018年	2019年	2020年	2021年	平均分
定西市	0.09	0.10	0.10	0.11	0.13	0.14	0.14	0.14	0.15	0.15	0.15	0.13
陇南市	0.07	0.07	0.08	0.10	0.12	0.13	0.15	0.13	0.29	0.25	0.25	0.15
庆阳市	0.12	0.12	0.13	0.14	0.15	0.16	0.16	0.17	0.23	0.19	0.25	0.16
商丘市	0.19	0.20	0.14	0.15	0.15	0.15	0.16	0.16	0.17	0.24	0.19	0.17
固原市	0.15	0.16	0.16	0.15	0.14	0.18	0.18	0.23	0.18	0.18	0.23	0.17
南阳市	0.11	0.13	0.19	0.13	0.14	0.20	0.21	0.23	0.19	0.20	0.20	0.18
临汾市	0.14	0.19	0.22	0.17	0.19	0.18	0.17	0.19	0.20	0.18	0.15	0.18
忻州市	0.12	0.14	0.16	0.17	0.18	0.19	0.19	0.21	0.22	0.21	0.19	0.18
平凉市	0.14	0.14	0.15	0.16	0.17	0.17	0.20	0.21	0.22	0.21	0.22	0.18

城市	城市生态软实力排名后20城市											
	2011年	2012年	2013年	2014年	2015年	2016年	2017年	2018年	2019年	2020年	2021年	平均分
德州市	0.21	0.20	0.20	0.20	0.16	0.15	0.16	0.17	0.17	0.17	0.23	0.18
驻马店市	0.17	0.17	0.12	0.18	0.19	0.22	0.19	0.20	0.21	0.24	0.22	0.19
吕梁市	0.13	0.14	0.16	0.22	0.18	0.19	0.19	0.25	0.22	0.22	0.22	0.19
滨州市	0.13	0.14	0.15	0.15	0.22	0.17	0.24	0.23	0.27	0.22	0.21	0.19
周口市	0.17	0.19	0.19	0.21	0.21	0.21	0.16	0.16	0.20	0.25	0.24	0.19
聊城市	0.18	0.20	0.24	0.22	0.21	0.24	0.16	0.22	0.16	0.15	0.17	0.19
濮阳市	0.21	0.20	0.21	0.20	0.22	0.21	0.21	0.18	0.25	0.21	0.21	0.20
达州市	0.17	0.18	0.17	0.14	0.14	0.21	0.21	0.21	0.25	0.24	0.25	0.20
朔州市	0.14	0.15	0.22	0.23	0.18	0.21	0.23	0.20	0.27	0.19	0.24	0.20
菏泽市	0.17	0.21	0.18	0.19	0.22	0.22	0.21	0.23	0.16	0.24	0.25	0.20
安阳市	0.19	0.21	0.22	0.23	0.20	0.21	0.21	0.19	0.18	0.24	0.25	0.21

3.3 山东省与黄河流域其他省份城市生态软实力对比分析

黄河流域流经九大省份，从省际层面对黄河流域城市生态软实力进行评价得分，结果如图3-5所示。可以发现：

从变化趋势上来看，2011～2021年九个省份城市生态软实力建设均呈现波动上升态势，说明黄河流域城市生态软实力建设取得了一定的基础成果，其中，山东省从考察期内的3.5上升到4.0，上升了约14%，主要原因在于山东地处沿海区域，有着优越的自然地理条件，紧抓生态建设，展现了良好的生态形象，规划发展生态省，建设了完善生态制度和彰显了良好的生态文化，同时旅游业等生态经济释放活力，因而城市生态软实力建设得分高。

从各省份差异上来看，黄河流域城市生态软实力在不同地区之间存在差异，可以将城市生态软实力建设分为三个梯队，第一梯队为四川、山东和河南；位于第二梯队的是甘肃、山西、陕西和内蒙古；而第三梯队是宁夏、青海；这主要是受各地区自然地理单元条件和经济发展存量差异以及自身生态发展基础不同的影响，在一定程度说明了城市生态软实力的建设需要同时构建生态形象，建设生态制度，彰显生态文化，释放生态活力。山东位于第一梯队，与其他省份相比，城市生态软实力建设水平较高，主要原因在于与其他城市相比山东积极开展生态建设，通过后天生态改造和努力提高城市生态软实力水平。同时，城市生态软实力建设高的地区应该通过自身的发展带动黄河流域城市生态软实力建设的协调发展。

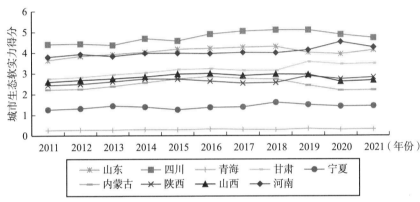

图 3－5　山东省与黄河流域其他省份城市生态软实力对比

第4章 黄河流域城市生态软实力空间演变分析

4.1 黄河流域城市生态软实力空间相关性分析

4.1.1 空间自相关分析

表4-1给出了2011~2021年黄河流域城市生态软实力的 Moran's I 值,可以看出研究期内的统计值大部分都通过了显著性检验且除2020年外均为正值,这表明黄河流域城市生态软实力在空间上呈现正相关性,表明黄河流域的城市生态软实力具有高值集聚和低值集聚的情况。从整体来看,研究期内 Moran's I 由2012年的0.14上升至2019年的0.184,说明空间相关性增强。从动态趋势来看,2011~2021年的全局莫兰指数呈现接近"M"形的动态演进趋势,说明黄河流域各城市的生态软实力空间相关性表现为上下波动的趋势。

表4-1　　　黄河流域城市生态软实力全局自相关结果

年份	Moran's I	z 值	p 值
2011	0.035	0.636	0.262
2012	0.140	2.112	0.017
2013	0.153	2.292	0.011
2014	0.188	2.787	0.003
2015	0.164	2.453	0.007

年份	Moran's I	z 值	p 值
2016	0.151	2.273	0.012
2017	0.162	2.418	0.008
2018	0.158	2.374	0.009
2019	0.184	2.732	0.003
2020	-0.023	-0.185	0.427
2021	0.057	0.953	0.170

　　进一步探讨黄河流域城市生态软实力的空间格局特征，依据自然断点法将城市生态软实力划分为五个等级，如图 4 - 1 所示，具体城市分布如图 4 - 2 所示。整体来看，2011～2021 年黄河流域空间分异特征明显，生态软实力发展水平由相对均衡转为"四周高中间低"的分布特征。具体来看，2011 年黄河流域城市生态建设正处于摸索起步阶段，生态软实力得分相对较低，仅有银川、晋城、太原和雅安四市的生态软实力得分达到等级Ⅳ，大部分城市的生态软实力得分在等级Ⅰ和等级Ⅱ区间，约占研究总数的 86%，生态软实力得分普遍较低；随着各市不断重视生态软实力建设，生态软实力得分达到高等级的城市逐年增多，在 2016 年，兰州、鄂尔多斯、济南、青岛、威海、银川六市生态软实力得分达到最高的等级Ⅴ，得分等级在Ⅳ和Ⅴ区间的城市数增速迅猛，由 2011 年的 4 座城市发展到 2016 年的 18 座城市，得分低等级城市数降低至 52 座，相较于 2011 年约降低 34%，值得注意的是，等级Ⅴ的城市分布具有明显的区域性特征，主要集中在上游省会城市和下游沿海城市，上游和下游沿海城市有得天独厚的自然优势，再配合省会城市及青岛等沿海发达城市具有充足的经济支撑，生态软实力得以迅速提升。到 2021 年，黄河流域整体城市生态软实力建设进入成熟阶段，高等级城市依旧保持稳定，发展为 21 座城市，低等级城市相较于 2016 年减少两座，表明在后期黄河流域生态软实力建设进入稳步发展阶段，低等级得分城市慢慢向中等级迈进，中等级得分城市逐步挤进高等级城市，高等级城市探索新方向，寻求自我突破，其中济南、青岛和兰州三座城市得分突破新高，主要因为山东作为黄河流域龙头省份，经济体量庞大，而济南和青岛作为山东省的代表城市，自身发展强劲的同时也获得政策重点投入，生态软实力建设因此取得重要突破。

	等级 Ⅰ
	等级 Ⅱ
	等级 Ⅲ
	等级 Ⅳ
	等级 Ⅴ

图 4 - 1　城市生态软实力等级划分

无

银川、晋城、太原和雅安（4个）

巴彦卓尔市、呼和浩特市、西安市、汉中市、广元市、
资阳市、乐山市、平顶山市、嘉峪关市、济南市、青岛市、
烟台市、威海市（13个）

呼伦贝尔市、包头市、鄂尔多斯市、大同市、石嘴山市、张掖市、金昌市、
西宁市、兰州市、白银市、吴忠市、天水市、宝鸡市、绵阳市、德阳市、成都市、
内江市、泸州市、攀枝花市、安康市、商洛市、三门峡市、延安市、阳泉市、长治市、
新乡市、郑州市、德州市、淄博市、临沂市、东营市、濮阳市（32个）

通辽市、赤峰市、乌兰察布市、朔州市、忻州市、榆林市、吕梁市、晋中市、临汾市、运城市、
渭南市、咸阳市、庆阳市、庆阳市、固原市、中卫市、武威市、酒泉市、陇南市、南充市、自贡市、
宜宾市、潍坊市、滨州市、日照市、聊城市、泰安市、济宁市、枣庄市、菏泽市、开封市、商丘市、
周口市、驻马店市、信阳市、南阳市、洛阳市、安阳市、巴中市、广安市、遂宁市、达州市、乌海市、
焦作市、鹤壁市、许昌市、漯河市、眉山市、铜川市、定西市（50个）

2011年

兰州市、
鄂尔多斯市、
济南市、青岛市、
威海市、银川市（6个）

阳泉市、包头市、呼和浩特市、
太原市、晋城市、宝鸡市、西安市、广元市、
成都市、雅安市、烟台市、淄博市（12个）

张掖市、巴彦卓尔市、呼伦贝尔市、通辽市、中卫市、延安市、
咸阳市、安康市、绵阳市、德阳市、南充市、广安市、眉山市、
乐山市、自贡市、宜宾市、攀枝花市、泸州市、东营市、日照市、
枣庄市、临沂市、郑州市、晋中市、长治市（25个）

赤峰市、乌兰察布市、大同市、聊城市、泰安市、济宁市、菏泽市、开封市、
平顶山市、驻马店市、信阳市、南阳市、洛阳市、三门峡市、运城市、渭南市、
铜川市、天水市、汉中市、巴中市、资阳市、内江市、金昌市、武威市、酒泉市、
吴忠市、石嘴山市（27个）

朔州市、忻州市、榆林市、吕梁市、临汾市、庆阳市、固原市、平凉市、白银市、定西市、陇南市、
达州市、商洛市、周口市、商丘市、德州市、滨州市、安阳市、濮阳市、新乡市、西宁市、嘉峪关市、
遂宁市、漯河市、许昌市、鹤壁市、焦作市、潍坊市、乌海市（29个）

2016年

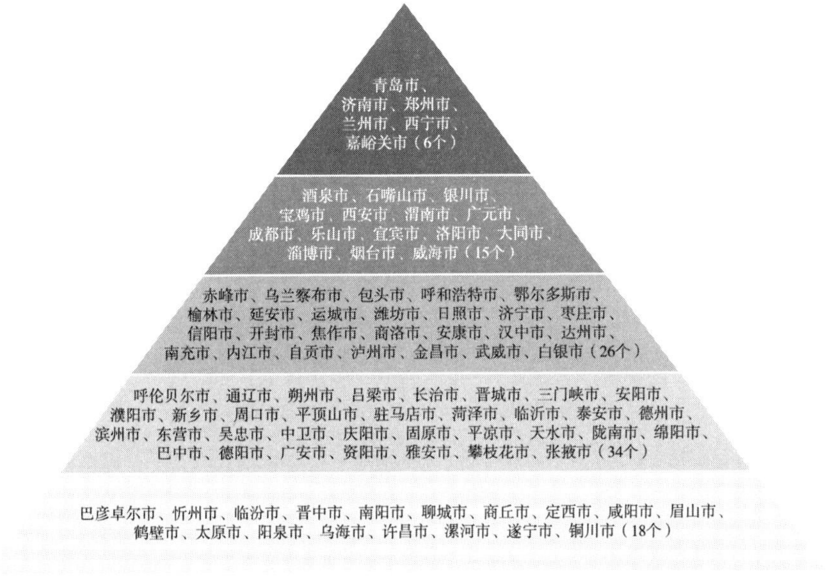

青岛市、
济南市、郑州市、
兰州市、西宁市、
嘉峪关市（6个）

酒泉市、石嘴山市、银川市、
宝鸡市、西安市、渭南市、广元市、
成都市、乐山市、宜宾市、洛阳市、大同市、
淄博市、烟台市、威海市（15个）

赤峰市、乌兰察布市、包头市、呼和浩特市、鄂尔多斯市、
榆林市、延安市、运城市、潍坊市、日照市、济宁市、枣庄市、
信阳市、开封市、焦作市、商洛市、安康市、汉中市、达州市、
南充市、内江市、自贡市、泸州市、金昌市、武威市、白银市（26个）

呼伦贝尔市、通辽市、朔州市、吕梁市、长治市、晋城市、三门峡市、安阳市、
濮阳市、新乡市、周口市、平顶山市、驻马店市、菏泽市、临沂市、泰安市、德州市、
滨州市、东营市、吴忠市、中卫市、庆阳市、固原市、平凉市、天水市、陇南市、绵阳市、
巴中市、德阳市、广安市、资阳市、雅安市、攀枝花市、张掖市（34个）

巴彦卓尔市、忻州市、临汾市、晋中市、南阳市、聊城市、商丘市、定西市、咸阳市、眉山市、
鹤壁市、太原市、阳泉市、乌海市、许昌市、漯河市、遂宁市、铜川市（18个）

2021年

图 4 – 2　2011 年、2016 年、2021 年黄河流域城市生态软实力分布

77

4.1.2　冷热点分析

表 4 – 2 是黄河流域城市生态软实力的冷热点分布。通过对城市生态软实力发展的局部演化图分析发现，从冷热点的区域分布来看城市生态软实力总体呈现出去中心化的分布趋势，特大城市的生态软实力发展并没有成为建设的核心区。区域热点多集中于黄河上游区域，主要分布在兰西城市群；冷点区域多集中在中下游，主要分布在晋中城市群和中原城市群。整体来看，黄河流域城市群在时间序列下冷热点转化较为明显，热点区逐年增加，冷点区先递增后减少，以 2016～2021 年最为明显，2016 年中游城市冷点区较多，中游城市多为人口集聚区，社会活动的承载力较大，生态环境优势并不明显，在重视经济发展之后往往会忽视生态环境的保护与发展，甚至是牺牲生态环境以换来经济增长，2021 年冷点区大幅减少，中游城市逐渐开始重视生态软实力的建设。值得注意的是，上游城市尽管多为生态脆弱区和经济联系相对较弱区，但其在生态文化、制度建设和生态活力上具有非常大的建设空间，在生

态软实力建设和释放上具有优秀的表现。

表 4 – 2　2011 年、2016 年、2021 年黄河流域城市生态软实力冷热点分布

冷热点区域	2011 年	2016 年	2021 年
冷点区 99% 置信度	三门峡市、延安市、临川市、铜川市	延安市、临汾市、铜川市、运城市、渭南市、三门峡市、洛阳市、平顶山市、商洛市、南阳市、安康市	无
冷点区 95% 置信度	榆林市、运城市、渭南市、洛阳市、平顶山市、安康市	榆林市、吕梁市、晋城市、咸阳市、西安市、达州市、晋城市、焦作市、郑州市、许昌市、漯河市、驻马店市、信阳市	吕梁市、临汾市、三门峡市、商洛市、南阳市
冷点区 90% 置信度	白银市、咸阳市、西安市、商洛市、南阳市	忻州市	忻州市、太原市、延安市、运城市、洛阳市、平顶山市、焦作市
热点区 90% 置信度	攀枝花市	无	兰州市
热点区 95% 置信度	无	无	酒泉市、张掖市、嘉峪关市
热点区 99% 置信度	无	无	无

注：未标注城市为冷热点不显著区域。

综上所述，黄河流域城市生态软实力在空间上具有较强的正相关关系，在空间集聚效应上，城市生态软实力分布具有去中心化特征，热点区集中在兰西城市群等上游地区，特大城市在生态软实力建设上并没有起到带动周边城市发展的作用，城市生态软实力的高值区不断从自然生境良好的区域开始向自然和生态并行的区域过渡，城市在生态软实力的形成和释放过程中逐渐开始摆脱只依赖生态环境作为支撑，开始走向以生态形象、生态文化、生态制度、生态活力共同建构下软实力的释放阶段。

4.2　黄河流域城市生态软实力空间联系与协同效应分析

4.2.1　空间网络整体分析

运用修正的引力模型对黄河流域城市生态软实力的空间结构网络进行分析,探测以生态软实力为传导路径的黄河流域城市群的连通性和传导性,从网络整体来看,黄河流域城市生态软实力的空间联系呈现出"几"字形特征,与黄河流域水系分布特征近乎相同,表明城市间的联系不断加强。联系强度比较高的区域主要集中在兰西城市群、宁夏沿黄城市群等上游城市群,其中兰州、郑州和成都的对外经济联系相对较多,联系网络较为密集,而下游区域的城市联系较为不紧密,主要联系圈在中原城市群,在经济网络中较为孤立,其余城市由于相互间的联系强度太小,没有展现其网络结构。

4.2.2　空间网络时序演化

从时序变化来看,黄河流域城市间的联系网络逐年增强,2011 年联系密集区相对分散,呈点状分布,而随着时间的推移,联系密集区围绕黄河逐渐向四周延伸,各城市之间的连通性逐渐增强并形成一个整体,说明黄河流域各城市的生态软实力建设的活力有所增强,城市之间的生态软实力建设更加密切;从结构和功能变化看,黄河流域城市生态软实力空间网络结构呈现出由简单到复杂,由疏松到紧密的整体演进过程,空间网络联系的稳定性不断增强。层次特征分布明显,流域内呈现出以兰州、银川、太原、西安、成都为中心点的高层次密集联系圈,省会城市在加强省内城市间联系的功能性不断凸显,同时低层次联系网集中于中原城市群,联系强度在研究期内逐渐增强。

综合来看,黄河流域内部的生态功能是连通的,城市生态软实力的"几"字形分布连通性逐年向好,区域联合发展能力较强,逐步形成自然生态带。城市生态软实力建设受到地理单元限制，在网络结构中表现出因自然地理单元限制而产生的阻隔，而城市生态软实力在建设过程中由于自然地理单元的阻隔导致城市生态软实力建设具有排他性，个别城市生态软实力会优先释放，这种变化会随着黄河流域以水系为纽带连通带动城市群之间的联系与发展，体现出城市群的强协同效应。

第5章 黄河流域城市生态软实力建设导向与任务抓手

在当今城市可持续发展的议程中，生态软实力的构建已成为一个至关重要的任务。政府、企业和公众作为城市生态软实力建设的三大主体，在其各自的领域内扮演着关键的角色。在这一领域中，各方将承担相应的责任，通力合作，以促进城市生态环境的改善，从而实现黄河流域经济社会的可持续发展。其中政府在推动生态环境整治、优化城市空间布局、制定环保政策法规、提供资金支持、引进优化人员配置等方面发挥着主导作用。政府通过制定环保政策和提供财政支持，积极鼓励企业采取各种环保措施，例如减少碳排放、提倡可再生能源的利用以及推动循环经济发展。这些举措旨在引导市场朝着绿色和可持续的方向转变，从而促进黄河流域环境保护和经济发展的协调。同时，政府也依赖公众的支持和参与，以确保政策的执行和生态文明的普及。本章将探讨如何实现政府、企业和公众三个主体之间的协同合作，分析他们之间的可行方案，共同致力于推动黄河流域城市生态软实力的建设。

5.1 政府推动城市生态软实力建设的关键行动

5.1.1 加强生态环境治理

良好的生态环境既是一种硬实力，也是一种软实力。首先，在城市整体层面，良好的生态环境是城市软实力的重要组成内容之一，能带来有别于经济、科技、基础设施等城市硬实力的城市品质和魅力，显著增强城市的吸引力和竞争力。其次，在城市生态软实力建设方面，既包括生态硬实力要素建设，也包括生态软实力要素建设。清洁的空气是城市生态硬实力的重要组成部分，同时也为城市塑造良好的生态形象奠定基础，在此基础上形成的城市空气污染治理体系不仅是城市生态制度的构成要素，也是打造城市生态形象的基石。沿黄城市各级政府可重点在以下方面加强治理。

一是加强自然生态系统保护与修复，尤其黄河是具有全球生态保护意义的生态系统，沿黄河流域的城市政府需增强生态保护与恢复的力度，提高对生态建设重要性的认识，强化对流域水生态环境的保护与治理。同时，应重视对森林、绿地和农田等自然生态系统的维护，以增强这些城市的生态潜力，并增强生态系统所提供的服务价值。

二是加强水源地保护，加强主要河流沿岸的整治与生态恢复工作，提升生态廊道的建设质量，恢复河流岸线的自然生态功能。同时，打造以河流系统为核心的水绿交织网络，形成生态友好型的城市景观，塑造清水环绕、绿意盎然的城市图景，加强水环境保护与治理，持续推进河道综合整治，尤其是加强镇级中小河道整治；推进海绵城市建设，因地制宜建设一批下凹绿地、雨水花园等，发挥建筑、道路、绿地、水系的生态功能。

三是积极推进大气环境质量改善，加强工业污染综合治理，全面推进绿色制造；深入推进重点行业技术升级，加快发展绿色交通，积极推广新能源汽车、绿色出行；深化扬尘污染防治与管理。

四是加强土壤环境保护，持续推进工业用地污染防控和综合整治，减少农业生产活动的环境影响，持续推进废水、废物、工业废弃物等资源的循环利用。

5.1.2　优化布局城市三生空间

一是严格城市生态管控，增强对自然保护区域、湿地园区以及农地和森林等生态关键区域的监护与治理，严格遵循生态保护的红线原则，保障生态区域面积只增不减。通过这些措施，逐步增强城市的生态承载力，并保障生态平衡与环境的可持续性。

二是优化生态空间布局，积极构建以城市森林、河流蓝绿网络为基本架构、"多层次、成网络、功能复合"的生态网络体系；加强绿地林地与城市公园建设，最大限度利用并延续绿色空间，建设高品质、多样化、共享可及的公园绿地，加强公园绿化薄弱区域绿化建设。提升城市内各绿色区域之间的连结性，构建包括绿道、湿地、雨水花园和森林植被在内的互联绿色基础设施体系。鼓励发展屋顶绿化、屋顶花园、屋顶农场等，构建绿色触手可及的垂直绿化系统。提升城市生态环境品质必须把人的感受作为最根本的衡量标尺，打造更加开放的生态公共空间，营造更加富有人文情怀的城市景观，运用智能化、信息化技术，让市民享受更加绿色、智能的生活，塑造更加绿色的生活方式，不断增进城市居民生态福祉，努力提升市民对生态品质建设的获得感。

三是提升城市滨水公共空间品质，形成功能复合的滨水活动空间，聚焦功能品质提升，完善沿岸公共设施配套，打造环城生态公园带，提升人城相融、园城一体的城市公园与游憩绿地系统。合理配置公园绿地、公共服务设施，合理布局生产生活空间，促进产城融合发展和职住空间平衡，构建生产、生活、生态三位一体的城市生态综合体。

四是在保留历史底蕴的同时，积极鼓励老旧建筑的维修与焕新工作，推动其功能性再生，从而实现商业繁华、人文魅力和自然和谐的完美融合。加速老旧棚户区的改造步伐，对承载着历史记忆且尚具生命力的老旧住房进行精心修缮，实现城市的有机更新和社区文脉的绵延传承。同时，对于那些存在安全隐患的危旧房屋，进行有序的拆除，并在其原址上规划建设公园绿地和公共空间，为市民打造交流思想、放松身心的理想场所。

五是以强化郊区生态环境品质为抓手，积极建设美丽乡村，塑造不同村落风貌；保持建筑风格与自然山水相结合，建设以水为载体的村落水系；开发以绿色为特色的村庄格局，将村庄作为大景区进行规划和建设，加快郊野公园开发，将郊野公园打造成城区后花园、市民好去处、乡村新样板，构筑"大景区""大花园"建设蓝图。

5.1.3　加强政策法规制定和环保监管

政府的政策法规制定以及环保监管与执法措施对规范企业和公众的环保行为至关重要，有助于确保城市的生态环境得到有效改善和保护。

通过地方立法、完善环保规章制度等举措，构建具有黄河特色的各级城市生态环境治理制度体系，让"硬制度"成为黄河流域沿岸城市生态软实力的重要标志。只有实行最严格的规章制度，政府才能够有效引导和约束各方行为，才能促进城市生态治理进入法治化、规范化发展阶段，为沿黄生态之城建设提供可靠保障。

一是应当采取更为严格和全面的环保政策和法规，以应对不断增长的环境挑战。这些法规应当涉及废水、废气和资源利用等多个方面，确保环境保护工作得到全面覆盖和有效执行，严格的政策将鼓励企业和公众采取环保措施，减少环境污染和资源浪费。目前政策体系存在以下不足：（1）在生态行为文化制度的构建上，特别是在倡导绿色生活方式的领域，现行的法律法规和政策支持尚显不足。特别是在绿色生产、绿色消费和低碳生活等方面，尚未制定出最为严格的生态环境保护标准和措施，这限制了对生态环境的有效保护和绿色生活方式的推广。（2）资源的高效利用制度尚未完善，导致了自然资源的过度开发和损失。建立一个全面、广泛的资源高效利用制度，对于推动绿色生活方式的实现显得尤为迫切。（3）以国家公园为主体的自然保护地体系建设的相关法规制度建设尚有欠缺。虽然 2019 年国家层面出台了《关于建立以国家公园为主体的自然保护地体系的指导意见》，但是目前缺乏明确的法律规制和实施细则。生态法规政策的建立和完善可以为生态制度文化的发展提供重要保障。针对当前黄河流域环境法治建设存在的问题，应当大力加强公园、湿地、水资源、生态公益林、野生动物、古树名木和自然保护区、风景名胜区等所有核心资源的生态保护立法、大幅提高违法成本，严格约束开发行为，推动生态补偿、林权管理、资源管护、绿色投融资等先行政策逐步法定化。同时，完善城市园林绿化资源生态监测网络，加强生态定位站建设，建立覆盖所有园林的调查制度。另外，建立生态风险评估制度，对影响生态系统和生物多样性的建设项目，进行严格的环境影响和风险评估。建立健全生态文化资源保护开发的法规规章，尽快出台"生态文化资源保护和产业开发条例"等相关法规政策，用立法规范生态文化建设中的各种行为和活动，促进生态文化向更高水平发展。

二是应推进生态税收政策的制定与实施，对环境污染者征收相应税款，推动经济向可持续发展模式转型。不仅可以通过经济手段约束企业的环境行为，还能为环保工作提供财政支持，促进环境保护和经济增长的良性循环。同时，政府可以通过税收优惠政策，鼓励那些采取积极环保措施的企业，以激励更多企业投身环境保护事业。实施生态税收政策，对环境污染者征收税款，不仅能够激励企业采取减排和节能措施，还可以为环境保护提供财政支持，为生态文化和生态形象的发展奠定坚实基础。

三是建立风险管理与预警系统，及时发现和应对生态环境问题。生态环境问题可能会随时出现，政府需要建立有效的监测和预警系统，以应对突发环境事件，通过安装遥感设备和传感器网络，政府能够实时监测城市空气质量、水质情况、噪音水平等环境指标，及时掌握环境变化的动态，发现问题并采取相应的应对措施，有效应对环境风险，保障城市生态环境的持续改善和可持续发展。

四是设立举报渠道，鼓励市民积极参与环保监督，以确保环保政策的有效执行。政府将公众对环境治理的满意度、环境治理意见、绿化建设纳入下一阶段的环保制度顶层设计，从制度层面推动城市生态环境优化，政府与社会各界共同努力，将为城市生态环境的健康发展和绿色发展路径的构建贡献力量。

五是进一步强化相关制度保障，建立健全长效机制，围绕生态软实力提升的重点、难点研究制定针对性政策，形成系统完备、有效管用的政策制度体系，这将为生态环境品质建设提供有效的制度支撑。建立多元化、多渠道、多层次的生态软实力建设投入机制，确保沿黄城市提升生态环境品质有力有序有效推进。

5.1.4　增加财政支持与资金投入

城市的生态软实力建设中，政府扮演着至关重要的角色。为了有效处理不断增长的环境挑战，政府应当增大在生态环境保护、城市绿化、污染治理以及环境监测等领域的财力支持。首先，政府通过制定未来十年的生态环境改善和保护的长期规划，确立明确的目标和路线图，促进生态软实力的提升和城市环境质量的提高。这种长期规划不仅有助于更好地分配资金，还能确保资源的合理使用，进而促进生态软实力的提升。例如，政府可以结合专家意见，确定未来十年的生态发展目标，并根据目标制订相应的投资计划，确保资源长期可持续利用。其次，政府应当以加大生态基础设施建设投资为重点。加大资金投入，重点推动城市绿化、水资源保护和空气质量改善等生态基础设施建设，提高城市生态环境质量。设立专项资金，用于支持城市绿化、湿地恢复、水源地保护等生态基础设施建设项目。可以通过加强政府与相关企业和社会组织的合作，共同推动生态基础设施建设，通过制订并实施生态修复和保护计划，加强对生态系统的保护和管理。除此，政府还可以通过植树造林的方式，达到美化城市环境、改善空气质量、温度调节的目的。同时政府还应当注重加大对水资源的管理投入，以确保水资源的可持续利用。这包括实施更严格的水资源管理政策，加强水源地的保护和治理，以及推动水资源的节约利用和再生利用。通过建立完善的水资源管理体系，政府能够有效应对水资源短缺和水质污染等问题，保障城市居民的饮水安全，同时促进城市生态环境的恢复和改善。

同时，改善城市的空气质量也是至关重要的任务之一，政府可以积极推动清洁能源的使用，例如加快发展太阳能、风能等清洁能源产业，减少对传统高污染能源的依赖。通过这些举措，不仅能够改善城市的空气质量，降低大气污染对健康的影响，还能够提升城市的生态软实力，增强城市的可持续发展能力，吸引更多的人才和投资，促进城市的经济繁荣和社会稳定。政府还应制定有利于绿色项目发展的金融政策。通过设立专门的绿色金融机构或部门，负责绿色项目的融资支持和政策制定；提供低息贷款、税收优惠和其他金融激励措施，吸引更多资金投入绿色项目中；支持绿色项目的创新和发展，促进生态经济的健康发展。同时金融机构可以为环保项目提供必要的资金支持，降低融资成本，吸引更多投资者参与生态建设。这将有助于城市实施更多的生态工程，包括改善空气质量、水质和土壤质量，推动城市生态软实力的建设。

5.1.5　优化人员配置与人才引进

在城市生态软实力建设中，政府需要重视人员配置和引进高素质的环保专业人才。政府可以通过招聘和培训环保专业人才来满足生态软实力建设的需求，通过给高校和研究机构提供奖学金和学术研究资金，以鼓励专业的科研人员参与到城市生态软实力的建设中。其次，政府可以建立薪酬激励机制，根据个人的贡献和绩效来奖励环保从业人员，促使相关从业人员更加积极地投入到生态软实力建设的工作中。政府的人员配置和人才引进举措将有助于提高城市生态软实力建设的效率和质量，更合理的人员配置为生态环境的改善和可持续发展提供坚实的支持。

建立将数字科技和生态创新相结合的技术创新机制，以引导技术创新朝着有利于生态资源合理开发及人类活动之间可循环的方向协调发展。数字科技可在以下方面助力生态物质文化建设。一是数字科技可以尽可能减少对生态资源的使用和能源消耗。二是数字科技可以多层次地利用自然资源进行生产，既提高了自然资源的单位产值，也减少了碳排放。从全生命周期的角度考虑对生态环境的影响，以使其符合生态文明和生态文化建设的要求。就具体领域而言，一是加大流域治理、生态恢复等相关领域的核心技术研发力度；二是加大对有历史人文底蕴和背景的古树、森林等保护的技术研发；三是在保护原有生态价值的基础上，对城市公园、森林建设等运用区块链、元宇宙等新兴科技增加更多虚拟与现实结合的科技体验，增强现代智慧城市的生态文化理念，进一步提升城市吸引力和软实力。

5.1.6　加强城市品牌宣传力度

一是持续提升城市生态环境品质的世界影响力，各市继续办好国际论坛，提升城市生态环境品质的国内外影响力；支持黄河流域生态保护青年科学家高峰论坛等学术交流会议，吸引国内外学者关注黄河沿线城市生态环境品质，积极申请承办世界和平与可持续发展国际论坛、联合国可持续发展高峰论坛、世界可持续发展论坛、全球可持续发展领袖论坛等全球性可持续发展论坛，吸引国内外各界关注黄河流域城市，并积极向全球展示沿黄城市生态环境魅力。

二是将建设生态文化地标，作为增强城市生态活力的重要抓手。这就要求生态文化地标的建设能够代表黄河流域卓越城市的生态文化水平，能够反映生态之城的生态吸引力。因此，各级政府应在高起点上全力打造生态文化地标，使之成为城市发展的一张靓丽名片。（1）成立生态文化地标工作领导小组，负责统一领导和组织生态文化地标建设的各项工作和任务，确保各项工作顺利开展。为确保领导小组决策的顺利执行，畅通领导决策的上传下达，在工作领导小组下设办公室，对生态文化地标建设过程中的相关事务进行处理。（2）加大资金投入，保障生态文化地标建设所需资金。建设生态文化地标需要一定的资金保障，应扎实推进资金筹措相关工作。首先，根据生态文化地标建设的选址情况，对原有土地进行回收，应给予原有居民、企业适当资金补偿，其次，根据生态文化地标建设的总预算，应划拨部分资金作为生态文化地标建设的启动资金，并制定相应的专项资金管理办法。（3）开展全局规划，对生态文化地标的全局进行宏观把握。黄河流域沿线城市生态文化地标建设需要在继承和发扬黄河文化的基础上，结合当前全球生态文化的发展趋势，突出各市生态文化的显著特点及其先进性。对此，应对生态文化地标建设的整体工作进行宏观把握。（4）引入配套产业，增强生态文化地标集聚资源的能力。结合现有城市发展规划，根据各市生态文化地标所在位置，布局相应配套产业，在引入相关产业时，还要考虑未来生态文化产业的发展趋势，培育部分引领未来全球生态文化产业发展的高端产业，为相应企业提供资金、场地以及政策支持。（5）打造传播渠道，提升生态文化地标影响力。首先，制定生态文化地标宣传方案，在宏观层面上确定生态文化地标的宣传定位以及宣传导向。其次，采用传统官方媒体与自媒体合作的模式对生态文化地标开展全方位宣传，提高生态文化地标的知名度。最后，鼓励作家、编剧、摄影家、影视导演等开展关于生态文化地标的相关创作，利用文艺作品增加生态文化地标的曝光度。

三是以更多元的话语模式来诠释"黄河故事"。为了加强建设对外话语体系，也就是更好地讲述"黄河故事"，应该尽可能地缩小中国特色话语体系与国际话语体系之间的差异，使用更容易被接受的话语，在兼顾受众国家语言文化规范的前提下，适当体现本民族特色，将"生态文明"品牌打出去，使黄河声音传得越来越广，推动更多元化的交流与理解。

四是要积极提升国际传播能力。高校应该加强对国际宣传领域人才的培养，同时引进更多国外专业人才，以拓展中国媒体在国际领域的影响力。例如，英文版的《中国日报》可以在国外机场的 VIP 休息室和高档酒店大力投放。在宣传我国生态文明建设成就时，必须实事求是，既要展示成果，也要坦诚面对挑战，避免空洞言辞。在讲述故事时，要注重方式和方法，避免引起国外受众的反感和排斥。

五是要充分利用学术界人士的专业优势。学术界人士的观点往往比政治人物的言论更具影响力。因此，应鼓励建立更多的外语学术期刊，支持学术机构创建外语网站，激励学者发布关于生态文明建设的最新研究成果，并促进这些成果的英文及其他语种的翻译工作。同时，应放宽对学者出国的限制，并鼓励相关部门支持中国学者参与海外高校相关课程的教学工作，以提升其国际影响力。

5.1.7　全面构建政策制度保障

以生态文明的核心价值观念为指导，促进城市生态竞争力的提升，并将此建设纳入城市发展战略。通过决策制定、效果评估、综合管理和绩效考核等多个维度，全面建立政策和制度的支撑体系。

第一，构建和优化环境保护的科学决策体系，其核心目标是确保环保理念和规范被纳入各级政府及决策者在制定国家和地区发展规划时的具体决策中。一个高效的环境与发展综合决策框架能够在产业规划和经济结构等关键决策层面，从根本上预防资源和环境问题的产生。

第二，兼顾经济发展、基础设施供给、生态环境保护等要求，增强生态保护的科学性、协同性和有效性。

第三，强化法治管理制度，提高生态文明制度和决策的执行力。完善法治管理体系，其宗旨在于从资源和环境的角度出发，为社会各阶层制定一套全面的约束和规范机制。任何可能对生态环境造成影响的人为活动，都应受到相应的法规和制度的调整与控制，以实现一种理想状态，即通过普遍的约束来达到个人的自由。这构成了一个较为成熟的外部约束体系。尽管我国在资源和环境保护政策及法规方面已初步建立了框架，但要达到这样一个完善的体系，我们仍需不断努力和改进。

第四，创新激励机制，形成城市生态文化建设内在动力的良性循环。通过设立奖金和实施政策激励措施，动员企业、市民和社会组织等社会力量积极履行其在环境保护和生态建设中的社会责任。同时，鼓励开发生态文化建设项目，充分利用各方的技术专长、管理经验和市场资源，以实现优势互补和协同发展。

第五，创新考核和监督机制，引入生态文化评价标准，实施生态文化示范街区和生态文化示范景区的评审工作，从而深化对城市生态软实力构建的理论研究与实践探索。

第六，形成道德文化制度，构造全社会的"自律体系"，使"尊崇自然、顺应自然、守护自然"的价值观逐渐根植于人心，进而激发社会各界广泛参与到生态保护的行动中。

5.2　企业参与城市生态软实力建设的战略举措

5.2.1　推动生态友好生产与绿色供应链管理

企业的首要任务是通过推动生态友好生产和绿色供应链管理来减少对环境的负面影响。一是企业在改善生产流程方面有着重要的作用，他们可以通过采用先进的生产技术和工艺，优化生产流程，实现能源和资源的有效利用，以及最小化废弃物的产生。例如，引入节能设备、优化生产线布局、提升原材料利用率等措施，可以有效降低生产过程中的能源和资源消耗，同时减少废弃物的排放。此外，企业还可以选择可持续原材料，例如回收利用废弃物或采用可再生资源，以减少对自然资源的过度开采和压力，实现资源的可持续利用。另外，实施清洁生产是企业减少环境负担的重要途径，通过采用清洁生产技术和方法，企业可以降低生产过程中的污染物排放和废水排放，减少对环境的不良影响，实现经济发展和环境保护的双赢。企业还可以采用绿色技术和清洁生产方法，减少废弃物产生，改善生产过程的环保性能，不仅有助于改善城市的空气和水质，还提升了城市的生态形象。

二是可重点引导，遵循"抓大放小、分步实施"的工作策略，首先引导行业领军企业构建绿色供应链，并在技术、资金和能力培养等方面给予其全面支持。这将帮助企业在产品的设计、生产、分发、销售、回收、再利用和处理等各个环节显著提高管理水平。其次，通过激励供应商、设计方、物流公司、制造商、消费者和分销商等各方改变行为，可以逐步形成由点及线、由线及面的发展格局，从而降低产品全生命周期的生态环境影响。

三是消除绿色生产与绿色消费之间的障碍，建立符合绿色发展要求的长效机制，以此激励更多企业构建绿色供应链。在绿色生产方面，要持续加强与绿色发展相关的立法，并确保通过严格的执法和司法程序执行，严厉打击环境违规行为，对违规企业实施严厉的处罚，以确保企业遵守法律、避免违规，彻底扭转"劣币驱逐良币"的局面，营造更加公平的竞争环境。此外，完善市场导向的激励机制，为实施绿色供应链管理的企业提供资金奖励、税收优惠等激励措施，降低绿色金融支持的门槛，通过外部激励来补偿企业的环保投资，使企业从可持续发展中获得实际利益，从而吸引更多企业投身于绿色供应链的建设。在绿色消费方面，积极营造支持绿色消费的环境，并根据现行的绿色采购政策要求，制定具体的配套方案和执行细则，确保绿色采购的目标明确、标准统一、目录清晰、流程规范、过程透明，以促进政策的实施，为绿色产品生产企业提供更为广阔的市场空间。

四是扩大信息公开的范围，为绿色供应链管理工作提供必要的支撑。关于信息公开的主体，应通过完善法律规定，逐步扩大主体范围，由大企业扩大至涵盖不同规模企业，由重点排污或用能单位拓宽至一般单位，并最终实现全覆盖；在法律规定之外，核心企业在绿色供应链管理机制中也应发挥关键作用，要求纳入绿色供应链管理体系的供应商主动公开环境信息。关于信息公开的内容，供应商应公开其环保政策、污染排放、能源消耗、物料消耗、水资源使用、废物处理及回收利用等信息，并通过网络平台、企业社会责任报告等渠道向公众充分披露，确保核心企业能够获取这些信息，同时也让公众容易获得。与此同时，加大新一代信息技术在企业环境信息公开方面的应用，确保数据的真实性、准确性，提高绿色供应链管理工作的数字化水平。

5.2.2　投资绿色技术研发与可再生能源应用

资源投入系统作为影响企业生态化水平的核心指标层，是影响企业生态化水平的关键因素。提高资源投入效率，推动绿色技术创新，是推进工业企业生态化转型的关键举措。一方面，通过绿色技术的创新可以实现绿色制造技术水平的提升，使企业能生产出具有绿色差异化的产

91

品，从而获得特有的绿色竞争优势。另一方面，通过绿色技术的创新可以促进工业以更高效的方式利用生产要素，削减能源消耗并降低污染物排放，将污染排放的治理与成本节约和生产流程的优化相结合，在产品的设计、制造、包装、运输、使用到报废处理的整个产品生命周期中，融入绿色技术，能从源头上实现降本增效和防污减排，助推工业企业的绿色发展。除此之外，加大对企业绿色技术创新的支持力度，财政资金支持的非基础性绿色技术研发项目、市场导向明确的绿色技术创新项目都必须要有企业参与，国家重大科技专项、国家重点研发计划支持的绿色技术研发项目由企业牵头承担的比例不少于55%。通过这些投资，企业能够提升资源利用效率，减少能源消耗，降低碳排放，从而实现生产过程的可持续发展。借助绿色技术的不断创新，企业可以更有效地应对环境挑战，例如减少废物产生、优化资源利用和改善环境质量。

企业有责任积极投资于可再生能源的广泛应用。这意味着企业应当致力于发展和采用各种可再生能源，如太阳能和风能，以减少对有限化石燃料的过度依赖。同时，积极采用可再生能源不仅能够减轻对有限资源的压力，还有助于降低环境污染的程度，推动全球能源结构向更加清洁和可持续的方向转型。此外，企业还可以通过提供绿色产品和解决方案来满足消费者对环保的不断增长的需求，同时创造新的商机。借助绿色产品的推广，企业能够在市场竞争中占据更有利的地位，增强自身的竞争力。

一是以技术革新为主导，推动转型发展。黄河流域各企业要在其主责主业范畴内，坚持创新驱动，集中优势资源致力于绿色、低碳、零排放及负排放技术的突破性研究，加大新能源技术研发力度，突破技术瓶颈，破解关键技术的"卡脖子"难题，提升关键核心技术自主化水平，建立具有自主知识产权的能源转型核心技术供应链，减少对外部核心技术的依赖。

二是完善产业链与供应链体系建设。能源企业应积极推进能源转型领域的专业化整合和协同发展，依托国内庞大的可再生能源市场，构建并优化以技术创新为核心的完整产业链和供应链体系。优化产业布局，提高可再生能源供应链的适应性和稳健性，从而增强我国在全球能源转型领域的竞争力和国际地位，减轻全球产业链重组对国内能源国有企业的潜在影响。

三是借力绿色金融，促进绿色低碳转型。我国绿色金融体系正在日益成熟，已经构建起以绿色信贷和绿色债券为核心，辅以多种绿色金融工具的多元化市场体系。能源企业应积极加强与金融机构在绿色金融领域的合作，利用支持绿色低碳发展的货币政策，确保在能源转型过程中对持续且稳定的大规模资金需求得到满足。这将有助于突破关键技术的研发和产业链的布局，为能源行业的绿色转型提供坚实的支撑。

四是守好能源安全底线。在未来一段时间内，化石燃料将继续作为保障能源安全的基础。在向绿色低碳经济转型的过程中，能源公司需要全面评估所有相关风险，并始终将保障能源安全作为首要任务。同时，企业应密切关注国内外能源市场的变化，灵活调整石油和化工行业的生产能力及出口配额，确保化石能源的稳定生产、供应和储备，同时提高国内油气资源的自给自足能力。

因此，积极投资绿色技术研发和可再生能源应用，不仅符合企业的长远利益，也为推动环境保护事业和经济可持续发展贡献了重要力量。通过这些举措，企业不仅可以提高自身的竞争力，还可以为城市的生态活力注入新能量。

5.2.3 发展循环经济与减少废物产生

循环经济模式通过废物再利用和资源再循环，有助于降低资源的消耗和环境污染。企业在生产过程中有许多途径可以减少废物的排放。其中一种方法是通过精细化管理，优化生产流程和资源利用，最大程度地减少废物的生成。通过精确监控和控制生产过程的各个环节，企业可以降低生产中的浪费，提高资源利用效率，从而减少废物的排放。此外，采用节能技术也是减少废物排放的重要途径之一，企业可以通过更新设备、改进生产工艺，提高能源利用效率，减少能源消耗和废气排放，降低对环境的负面影响。另外，材料创新也是减少废物排放的有效手段，通过研发和采用新型材料，降低生产过程中的废物产生量，提高材料的可循环利用率，从而减少对自然资源的消耗和环境的污染。企业可以通过精细化管理、节能技术和材料创新等多种途径，有效减少废物的排放，实现生产过程的清洁、高效和可持续发展。这不仅有助于降低企业的生产成本，提高竞争力，还能够促进环境保护和可持续发展的共同进步。企业还可以设立废物分类和回收系统，鼓励员工和客户积极参与废物分类和回收的过程，将可回收材料重新注入生产流程，不仅能减少废物的终端处理成本，还延长了资源的使用寿命，减轻了对新资源的需求。同时，它还改善了城市的废物管理体系，降低了环境污染风险。企业也可以采用可持续材料和生产方法，减少产品的环境足迹，这包括选择更环保的原材料，减少能源和水资源的消耗，以及降低产品的碳排放。这些可持续举措在企业的生产过程中发挥了重要作用，促进了企业的可持续发展和环境保护。企业积极参与了城市生态环境的改善，促进了资源的有效利用和废物的减少，为建设绿色、健康的城市环境贡献了积极力量，同时为城市居民提供了更优质的生活环境，增进了社会福祉。

5.2.4　参与绿色产品认证，提供生态友好产品

企业积极参与绿色产品认证，为提供生态友好产品而努力，这一举措在城市生态软实力的提升中扮演着至关重要的角色。通过认证产品的环保性能、绿色生产过程以及可持续性，企业展现出对城市生态文化和生态制度的尊重和支持，为构建绿色、健康的城市环境贡献着积极力量。绿色产品认证是企业向市场和消费者提供生态友好产品的重要方式之一，促进了企业的内部改进和创新。为了达到认证标准，企业需要持续改进生产工艺、优化资源利用、控制污染排放等方面的工作。这不仅有助于企业提高生产效率和降低成本，还推动了技术创新和环保意识的提升，为企业的可持续发展打下了坚实基础。企业积极参与绿色产品认证，不仅是对城市生态环境的一种积极贡献，也是提升企业竞争力、塑造品牌形象、推动内部创新的重要举措。这种行动不仅符合市场需求，也契合了环保理念，为构建更加美好的生态环境贡献了力量。

提供绿色产品有助于满足市场需求。如今，随着对环保和可持续性问题关注的不断增加，越来越多的消费者更倾向于购买对环境影响较小的产品。在这种趋势下，企业可以通过提供绿色认证的产品来满足消费者的需求，从而获得更多的消费者认可。这种做法有助于企业扩展市场份额，提升销售额，增强品牌声誉。绿色认证的产品符合了现代消费者对于环保意识的追求，更具吸引力和竞争力。消费者越来越倾向于选择这些产品，因为他们对环境负责的态度已经成为购物决策的重要考量因

素之一。因此，企业通过提供绿色认证产品，不仅能够满足消费者的需求，还能够赢得他们的信任和忠诚。此外，拥有绿色认证的产品也为企业赢得了环保领域的认可和尊重。这不仅是因为企业积极投入了环保事业，更因为这种做法体现了企业的社会责任感和可持续发展的意识。因此，这种举措有助于提升企业的品牌形象和声誉，为企业带来更广阔的发展空间。

通过积极参与绿色产品认证，企业促使消费者更加关注产品的环保性能和可持续性。这有助于提高城市居民对环保问题的敏感度，激励他们采取更多的绿色消费行为，如购买环保产品、节能用水以及废物分类和回收。因此，企业的举措在提高城市居民的生态素养方面发挥着积极作用。生态活力也是城市依托生态资源创造新价值的能力，通过提供绿色产品，企业促进了可持续生产和消费，减少了废物的产生，降低了环境污染。绿色认证产品的推广也增加了生态系统的稳定性，这些产品往往采用可持续材料和生产方法，有利于保护生态系统的完整性和稳定性，通过减少对自然资源的过度开采和环境的破坏，这些产品有助于维护生态平衡，促进生态系统的健康发展。通过提供绿色认证产品，企业不仅能够满足消费者的需求，还能够促进资源的有效利用，减轻环境负担，增加生态系统的稳定性，进一步提升城市的生态软实力。这为城市的可持续发展和生态文明建设提供了重要支撑，为构建绿色、健康的城市环境作出了积极贡献。

5.2.5　产品包装等生态设计创新，传播生态价值理念

将低碳的概念注入企业原生态包装中，有效促进低碳环境生态价值理念的传播。原生态包装不仅注重实用性和环保价值，还融合了人文关怀，这不仅促进了在低碳设计理念指导下对自然包装材料的创新与应用，还进一步强化了低碳环保的产品设计哲学。此外，这也有助于推动传统手工艺的创新与发展。从原生态包装的发展类型分析来看，不论是植物基、陶瓷基、纸基或布基包装材料，都是在当今工业机械化大开发的背景下，由自动化机械制造，而逐渐无视传统工艺。传统手工艺的介入，能够让原生态包装材料拥有更鲜明的地方特色。在提高原生态包装艺术功能的同时，还会对艺术品的创造与传播产生促进影响。最后，也

为黄河流域少数民族文化的广泛传播起了促进作用。所以，这不但推动了企业文化的发展，而且推动了城市文明的发展。

5.3　公众参与城市生态软实力建设的关键作用

5.3.1　提高生态素养，推动公众参与

城市生态软实力的建设需要社会各界的积极参与和推动。在这一过程中，提高公众的生态素养尤为重要，而这需要采取一系列关键步骤。公众可以通过多种方式参与，包括生态教育、志愿者活动、绿色生活方式和公众倡议等。

首先，要明确生态行为准则。生态环境部 2018 年发布的《公民生态环境行为规范（试行）》，包括关注生态环境、节约能源资源、践行绿色消费、选择低碳出行、分类投放垃圾、减少污染产生、呵护自然生态、参加环保实践、参与监督举报、共建美丽中国等 10 条生态环境行为规范。建议由政府各部门机构发布"居民环境行为规范"或"居民生态环境行为规范"，系统整理城市居民应该践行的亲环境行为种类和细则。各级政府应加强亲环境行为信息宣传和普及，以增强人们的环境意识并促使环境行为改变。

其次，加强生态文化教育和宣传，提升公众对生态环境的认知和责任感，增强他们的生态意识。根据不同群体的特点和需求，开展广泛的生态教育活动，提高全社会对环境保护的意识。利用各类公园、动物园、植物园和风景名胜等场所，构建多样化的文化平台，根据各地实际情况，建立具有地方特色的生态文化教育和科普基地。通过打造生态文化标志、示范街区、社区和企业等，提供丰富的生态产品和服务，增加文化体验活动，提高公众对共建生态文化的信任和参与热情，让绿色生活理念成为社会共识。这包括举办环保讲座、开设学校课程、组织社区培训等形式，旨在提高居民对生态环境的认知和理解。通过生动有趣的教育方式，向公众传递环保知识，引导他们认识到保护生态环境的重要性，进而激发他们参与城市生态软实力建设的热情和行动。

再次，鼓励公众参与志愿者活动也是提升生态素养的重要途径之一。通过参与各种环保志愿者活动，如植树造林、清洁环境、保护野生动植物等，公众可以亲身体验到生态环境的重要性，增强环保意识，培养环保责任感，并且通过实际行动为城市的生态建设贡献力量。此外，推广绿色生活方式也是提高公众生态素养的重要手段之一。通过倡导节约资源、减少碳排放、垃圾分类、推广低碳出行等绿色生活方式，引导公众改变消费习惯和生活方式，减少对环境的负面影响，实现人与自然的和谐共生。

最后，鼓励公众参与公众倡议和社区活动，发挥其在生态保护中的积极作用。公众可以通过倡导环保政策、参与环保活动、支持绿色发展等方式，为城市生态软实力的提升贡献智慧和力量，推动城市生态文明的建设。积极搭建多元协商平台，畅通群众参与生态文化建设的渠道，尊重和发挥人民的主体作用。强调社区参与，提升对生态文化的支持和管理。社区既是居民参与社会生活的基本场所，也是城市治理的最小单元，在生态文化建设中发挥着关键作用。加强社区教育，注重伙伴关系和共同责任的宣传，增强居民参与生态文化建设的使命感和责任感是生态文化建设的重要保障。

综上所述，提高公众的生态素养是城市生态软实力建设的关键环节之一。通过多种形式的参与和推动，公众将成为城市生态建设的重要推动力量，共同营造绿色、健康的城市环境。

5.3.2　强化绿色消费，推动市场转型

首先，公众通过绿色消费行为，不仅能够为个人生活注入环保意识，还能够对市场产生积极影响，从而促使市场向更环保、可持续的方向发展。在这个过程中，公众可以选择购买符合环保标准的产品，以支持生态友好企业，为构建绿色生活方式贡献一份力量。这种行为涵盖了多个方面，例如购买使用可再生能源的电力、选购绿色建材、选择环保家电等。通过购买符合环保标准的产品，公众能够直接影响市场需求，从而激励企业生产更多的环保产品。这种行为不仅是对环保企业的支持，也是一种对环保理念的肯定和践行。例如，选择购买使用可再生能源的电力，不仅能够推动清洁能源的发展，还能够减少对传统能源的依

赖，降低碳排放，为减缓气候变化作出贡献。

其次，支持本地农产品也是绿色消费行为中的一个重要举措。购买本地、有机、农业可持续的食品，不仅能够支持当地农民，还可以减少食物的运输和包装成本，从而降低碳足迹，减少环境污染。此外，本地农产品通常具有更高的新鲜度和品质，有利于促进地方经济的发展，营造健康可持续的食品生产和消费环境。

提高居民对其自身消费选择的环境影响的认识也可以提高亲环境行为的可接受性，促进亲环境行为的实施。一旦居民对环境影响的认识到位，就会认为生态环境管理的相关政策是合理的，相应环境管理或执法成本也会降低。即使居民担心他们的购买决策对环境的影响并且有强烈的环保规范，他们也可能无法获得所需的相应信息，尤其是在生态环保型产品购买方面，表明向消费者提供有关产品特性信息的有用性，有利于他们做出亲环境行为的决策，故而能源标签等信息工具还存在较大改进空间。生态标签只有清晰易懂才能发挥作用，鼓励易于识别和理解的生态标签的措施可能更有效。对生态标签所能提供信息的信任也是其有效性的核心。

最后，公众可以推动绿色金融的发展。选择支持绿色投资和可持续发展的金融产品，如绿色债券、社会责任投资等，可以将资金引导到环保和可持续发展领域。这有助于促进环保产业的发展，增加城市的生态活力。

此外，个人绿色消费层面，仍然存在居民垃圾分类成效不明显以及不同空间区域垃圾分类执行成效有所不同的现象。因此，应当持续加大生态行为文化"线上＋线下"的宣传力度，进一步引导全社会树立牢固的生态文化观和生态价值观。

总的来说，公众通过采取绿色消费行为，不仅能够改善个人生活质量，还能够推动市场向更加环保、可持续的方向发展。通过选择符合环保标准的产品和支持本地农产品，公众可以为环境保护事业贡献力量，共同营造绿色、健康的生活环境。这有助于促进本地农业的可持续发展，减少城市对远程食品供应的依赖。

5.3.3　参与环保组织，促进生态软实力建设

公众积极参与环保组织是城市生态软实力建设的重要组成部分。公

众应该积极参与环保组织，不仅可以亲身感受到生态环境的重要性，还能够积极参与城市的生态保护。这种参与不仅能够丰富个人的生活体验，还能够为城市的生态文明建设贡献一份力量。参与环保组织的居民和平时能够主动关注生态环境问题和生态环境信息的居民其环保意识更强，拥有更多的环境知识和环境信息，更有可能实施减少环境影响的行为。

除了参与环保组织，支持生态保护项目也是公众发挥作用的重要途径之一。公众可以通过捐款或志愿参与生态保护项目，如野生动植物保护、湿地保护、森林保护等。这些项目的开展不仅有助于保护城市的生态多样性，还能够维护生态平衡，保护珍稀物种和生态系统的完整性。参与生态保护项目不仅是一种公民责任，也是一种对自然环境的关怀和尊重。通过这种参与，公众可以直接参与到生态保护的实践中，深入了解生态系统的脆弱性和重要性，从而更加珍惜和爱护自然资源。另外，公众可以积极参与环保政策的制定和改进。通过参与公民咨询、提出建议，争取更严格的环保法规和政策，公众可以直接参与城市生态制度的建设，推动政府采取更多环保措施。

最后，通过教育、社交媒体、公共宣传等渠道，公众可以普及环保知识，提高公众对生态环境的认知。这有助于培养更多的环保倡导者和支持者，加强城市的生态文化。通过这些行动，不仅可以为城市的生态环境保护事业贡献力量，还可以提升自身的环保意识和责任感。这种参与和支持将为城市生态文明建设提供坚实支撑，共同创造绿色、健康的生活环境，为城市的生态软实力提升贡献力量。

5.3.4　增加居民与自然的接触，增加亲环境行为

增加居民与自然的接触，提高居民对所处自然生态环境的满意程度，能够带来亲环境行为的增加。应更加深入地了解居民对自然生态环境的需求，有针对性地优化城市生态环境治理和城市公园绿地亲自然设施的建设。可参考英国环境、食品和农村事务部自2009年开始委托智库研究机构 Natural England 开展的英格兰居民自然环境参与监测调查（MENE），了解居民如何使用、享受和保护自然环境、监测不同时间、不同空间尺度和不同人口特征的关键群体接触自然环境的变化，评估相

关政策举措的影响和有效性。

5.3.5　公众参与，多方面支持保障

生态行为文化的提升需要城市居民的共同参与，而积极参与需要多方面提供支持和保障。一是信息公开，保障公民环境信息知情权。其中环境信息包括生态环境保护法规政策、政府部门环境执法管理、生态环境状况和环境科学知识等，还包括重大环境决策听证会、报告会等。二是完善政府反馈机制。生态保护公众参与的结果是公众希望得到及时、认真的反馈，可激励和保障更高效的公众参与。如果仅仅是形式主义的征求意见和信息公开，对公众意见置之不理或未及时回复，只会将公众参与制度束之高阁。因此，应当建立明确的政府职能分工体系，立体化的信息反馈制度，并加强行政问责，进而激发公众参与生态文化建设的激情，提升城市生态文化建设的成效。三是鼓励社会组织参与。鼓励企业积极承担环境社会责任，依法依规提供环保公益活动资金支持和媒体宣传。健全环保公益组织法律制度和资金保障制度，激励环保公益组织在生态环境保护和恢复方面发挥更大作用。

第6章 黄河流域城市生态软实力提升对策

6.1 提升生态环境质量，打造城市绿色基底

认真贯彻习近平生态文明思想，在深入贯彻生态优先理念的基础上，应坚定不移地坚持"绿水青山就是金山银山"的生态观，将生态文明建设与环境保护视为一项至关重要的政治任务，共同致力于生态保护和环境治理的进程，确保生态环境得到不断优化，为可持续绿色和高质量发展奠定坚实基础。实施落实好《黄河流域生态环境保护规划》中的"三个坚持、四项基本任务"，不断夯实高质量发展绿色基底。

6.1.1 紧抓黄河流域生态环境保护的主线

一是在推动生态保护和高质量发展的进程中，必须坚持把水资源作为基石，实现城市规模、土地规划、人口布局和产业发展的科学定位。黄河流域面临的主要挑战在于水资源匮乏，应当将水资源视为不可逾越的刚性界限，合理调控人口、城市和产业的增长。同时，应统筹考虑生产、生活和生态用水需求，优化用水结构，并深化用水制度的改革，实现水资源的可持续利用。健全黄河流域水资源管理体系，确保水资源合理分配和利用，坚决抑制不合理用水需求；切实落实"总量－强度"双控体制，建立涵盖"省－市－县"的、涵盖全流域和各年度用水总量和强度的调控指标体系。这就要求对水资源的开采和使用进行严格控制，将其作为一项硬性指标来约束区域发展规划、产业布局等，是实现

可持续水资源管理的重要手段。

二是切实解决流域内各省份的突出生态环境问题。黄河流域生态问题繁杂，环境污染程度较深。黄河流域环境污染问题涉及水、土壤和大气等多个方面。黄河流域的主要污染源包括工业废水、农业面源污染、城市生活污水等，导致了黄河流域的水质严重受到污染。这些污染物会在土壤中长期积累，影响土壤的肥力和微生物活性，对农作物生长产生不利影响，农药、化肥和畜禽粪便等农业活动产生的污染物也会导致土壤富营养化和土壤酸化，影响土壤生态系统的平衡。另外，工业排放、交通尾气、农业燃烧、煤炭燃烧等释放的污染物排放到大气中，会对空气质量和人类健康造成危害，同时也对生态环境产生负面影响。在推动环境治理的过程中，应坚持问题导向，集中力量打好污染防治攻坚战。为此，应着重聚焦于黄河流域的水质污染、土壤退化、空气污染、固体废物处理以及农村生态环境等突出问题。在此基础上统筹规划，协同推进工业、农业、城乡生活以及矿区等领域的污染治理工作，以实现全面的环境改善。同时加强建设污水处理设施，提高污水排放达标率；加强农业面源污染治理，推广有机农业和生态农业，减少农业活动对水体的污染；加强工业企业的环保监管，严格控制工业废水排放标准，减少对水体以及土壤的污染，加强农业燃烧和生物质燃烧的管理，减少这些活动对大气质量的影响；推动清洁能源替代传统能源，减少煤炭燃烧对大气的污染。

三是坚持用系统方案解决区域协同的问题。黄河流域面临的首要挑战在于其生态脆弱性，这一问题在流域内广泛显现，跨越了多种生态类型。具体来说，中上游地区显著受到荒漠化和沙漠化的影响，这些地区气候极端干旱，年降水量稀缺，仅 200 毫米左右，植被稀少，生态条件严峻。此外，黄土高原地形复杂，土壤松散，其 23 万平方千米的水土流失面积成为亟须重点治理的区域。更为严重的是，水沙关系的不平衡导致黄河下游河道淤积问题日益严重，悬河现象持续加剧，对沿岸居民的生命和财产安全构成了严重威胁。这些问题共同强调了黄河流域生态环境整治任务的急迫性和重大意义。必须认识到，黄河生态体系是一个不可分割的整体，要求在生态保护和追求高质量发展全过程中，牢固秉持系统思维原则。在针对黄河流域的生态修复活动中，应坚守山水林田湖草沙一体化保护的理念，实现对该流域上下流段、两岸区域及主次河

102

流等核心组成部分的全方位、立体化协调管理。在具体实施过程中，应充分考虑流域上中下游的差异性，采取因地制宜的策略，分类推进各项治理措施。具体而言，上游应着重于水源涵养，中游则聚焦于水土保持和污染治理，而下游则侧重于湿地生态系统的保护。加强相关工程建设，重点推进防风固沙和生态治理修复项目，旨在促进荒漠植被的显著恢复，并构建稳固的沙漠防护林体系，有效提升上中游地区的荒漠化和沙化土地治理成效。同时，中游地区的水土保持工作不容忽视，需进一步优化黄土高原的退耕还林还草工程结构，并创新水土流失严重区域的产沙控制及治理技术。此外，黄河三角洲海岸带的生态安全亦应受到持续关注，谨慎评估泥沙变化对该区域的影响。以自然恢复为主导，维护河口区的湿地生态，同时适度结合人工修复措施，持续实施湿地生态补水、生态保护与修复工程，以确保河口生态功能的稳步提升。

6.1.2　全面推进四大类重点任务，重现生机盎然、人水和谐的景象

一是推进绿色产业升级的任务。通过合理的空间布局，促进工业的绿色发展。在此基础上，根据不同地区的具体情况，对流域内的水资源、环境容量进行了科学的划分。在此基础上，促进工业的绿色转型和升级，在重点工业领域推行清洁生产工艺，实现园区化和绿色化发展。引导矿产资源绿色开采，提高矿产资源的综合利用率，以实现资源的高效、环保利用。这些措施将共同推动绿色产业的健康发展，符合可持续发展的战略要求。加大对绿色技术研发和创新的支持力度，鼓励企业加大绿色技术研究和开发投入。政府可以设立专项资金支持绿色技术创新，促进绿色产业技术水平的提升；建立健全绿色产业标准体系，规范绿色产业产品的生产和质量，提高绿色产业产品的市场竞争力。

二是采取有力措施解决突出的生态环境问题的任务。首要任务是推进水资源的全面统筹管理，即实现地表水、地下水与降水的"三水"协同治理，以修复和保护水生态环境。为实现这一目标，必须严格执行水资源用水总量和用水强度的双重控制，科学规划和配置全流域的水资源，确保水资源的合理利用。同时，深化节水措施，实施严格的水资源管控，并推动污水的资源化利用，以减轻对自然水体的污染压力，实现

水环境的持续改善。全面提升环境质量，深化工业、城镇以及农业农村的污染治理工作，同时强化入河排污口的排查与整治措施。在维护水生态系统方面，重点关注干支流的关键水体，实施严格的封育保护措施以维护河源区水生态系统的健康，并采取有效措施恢复受损的河湖水生态系统，确保其生态平衡和功能的恢复。实施水体消劣达标行动，综合整治城乡黑臭水体。在优化大气环境质量的过程中，深化区域间的协作机制，确保大气污染传输通道沿线城市的联防联控策略得到强化，进而推动各城市空气质量分类达到既定标准。同时，为保证减排成效，必须加大对机动车尾气的控制力度。有序引导碳达峰，实现减少污染与降低碳排放的协同增效目标，为构建可持续的生态环境奠定坚实基础，严格控制温室气体排放量，改善气候环境。在土壤环境方面，加强管控修复，防治土壤地下水污染，系统开展土壤与地下水污染的调查评估与监测工作。在此过程中，必须强化对企业的土壤环境监管力度，确保企业严格遵守环保标准。同时，要加强土壤与地下水污染的协同防治，通过综合施策，实现土壤与地下水环境的协同保护与改善。

三是保障生态环境安全的任务，坚守生态优先的原则，通过系统性的保护修复措施来维护生态系统的稳定性。首要任务是构建完善的生态保护格局，并建设自然保护体系，以实现生态环境的整体优化。在特定区域，在加强重点水源地保护的基础上，加速黄河生态走廊建设，加强黄河三角洲湿地保护与恢复，以确保生物多样性的持续维护。此外，对于重点地区的风沙和荒漠化问题，需要采取创新的治理手段，特别是在黄土高原地区，要探索新的水土流失治理模式。同时，要有序推进下游滩区的生态综合治理工作，以实现生态环境的持续改善。在环境风险的预防和控制方面，重点是要从源头上强化管理，从而有效地遏制重大环境风险的产生。这主要包括：加强对工业企业和工业园区的环境风险管控，并保证严格的环境风险管理战略；同时，要加强对尾矿库可能产生的环境污染的预防和控制，强化危险物质的环保监督，把隐患扼杀在萌芽状态。另外，还需要对流域范围内的环境风险进行全面的综合调查，以确定可能存在的危险点。基于上述研究成果，构建完善的流域生态环境风险监控与预警体系，实现对可能存在的生态问题的及时预警。重点是要持续优化和提高流域环境突发事件的响应速率和处置效能，从本质上提高我国流域生态环境安全保障能力，实现风险的及早辨识和有效处置。这一系列举措旨在确保流域生态环境的稳定与可持续发展；继续推进"无废城市"建设，以提高生活垃圾的综合利用水平，重点解决有害废物和医疗废物的收集和处置能力不足的问题。

四是持续提升现代环境治理能力的任务。构建全面而高效的治理体系，并不断提升治理的精细化和专业化水平。通过科学规划和创新管理，确保环境治理工作更具系统性和前瞻性，以适应不断变化的环境挑战。提出需不断完善环境保护相关的法律法规体系及标准建设，强化生态环境综合执法系统的完备性，并促进建立流域间执法与司法的紧密联动机制。同时，倡导环境治理模式的创新思路，加速生态产品价值实现机制的构建进程，鼓励在绿色金融领域内的创新实践。此外，深化生态环境管理领域的"简政放权、放管结合、优化服务"改革，优化考核机制与责任追究体系，全面推行排污许可制度，以健全环境治理体系中的诚信机制，并建立起区域间环境保护的协同合作机制。这些多维度的任务构成了构建现代化环境治理体系的基础，是确保黄河流域生态环境获得高效保护与持续改善的重要基石。

105

6.2 建设宜居城市，提升城市生态形象

城市形象是城市的重要代表，是城市与外界交流的窗口和载体。一个美好的城市形象不仅能够吸引更多的游客和投资，促进城市经济的繁荣和发展，也能够提升城市居民的自豪感和认同感，增强社会凝聚力和向心力。城市形象的良好与否，不仅关系到城市的外部关系和形象，更关系到城市内部的稳定和和谐。因此，提升城市形象不仅是城市管理者的责任，也是每个市民的责任。只有通过共同努力，完善城市形象，才能实现城市的长远发展和人民的美好生活。

6.2.1 加强城市的公共设施建设

公共设施是城市的形象展示。如广场、公园、图书馆、博物馆等都是城市公共设施的代表。公共设施的作用是多方面的。首先，它们提供了社会公众的基本需求，如教育、医疗、文化、体育等服务，为人们提

供了学习、娱乐、健康等方面的支持。其次，公共设施可以促进社会的互动和交流，增进人与人之间的沟通和理解，增强社会凝聚力和稳定性。最后，公共设施还可以提高城市的形象和吸引力，促进经济的发展和繁荣。城市的公共设施建设需要根据城市的实际情况，符合城市的特点和城市居民的需求，使之成为城市的文化和艺术核心。同时，公共设施的建设需要重视外观设计，提高其美观性和艺术性。

在黄河流域城市公共设施建设中，应聚焦于信息基础设施的打造，应重视并加强整个流域内协同机制的构建与跨行业联动策略的实施，旨在通过空间结构的合理优化，为新型基础设施建设的持久推进奠定坚实基础。其中，首要任务聚焦于加速第五代移动通信网络（5G）的部署与完善，并积极探索 5G 技术的多元应用场景。在数据基础设施上，重点加强黄河流域各大数据中心的节点和网络布局，提高总体计算能力，促进数据资源的流动和有效利用。此外，积极推广"互联网＋生态环保"的综合应用模式，利用信息化手段提升环境保护工作的智能化水平。优化人工智能建设，为各行业提供"人工智能＋"解决方案与服务，推动产业智能化升级。

6.2.2　加快新型基础设施建设

一个城市发展的重要基础就是基础设施。它对城市的形象和吸引力具有显著的影响。城市的道路、桥梁、隧道以及公共交通系统是城市基础设施的重要组成部分，它们直接影响着城市的交通运行效率和居民的生活体验。一个高效便捷的交通系统可以提升城市形象，显示城市的现代化和科技发展水平，增强城市的活力和竞争力。城市应当不断加强基础设施建设，提高基础设施的质量和效率，为居民提供更加便捷、舒适、宜居的生活环境，推动城市的可持续发展。

1. 优化空间布局，提升新型基础设施水平

以信息基础设施作为发展重点，重点强化流域内部的协同效应和跨区域的协作机制，以精细化的空间布局为目标，推动新型基础设施建设向更高层次发展。具体内容为：加快 5G 大规模部署，深度挖掘 5G 在多个领域的潜在应用潜力；与此同时，加快建设千兆及以上宽带光纤网，扩大其覆盖面积，提高业务深度。强化郑州、西安、呼和浩特三大国家级因特网中心节点的作用，确保数据高效稳定地传输，提升网络的整体性能。

2. 建设便捷绿色安全综合交通网络

为促进黄河流域交通网络的现代化与高效互联，需加速构建以"一线串接""几字连通"及"十字支撑"为骨架的综合交通体系，以填补现存空白、疏浚交通梗阻点，确保城乡区域间的顺畅沟通。具体而言，首先，"一线串接"模式指从济南始发，途经郑州、西安直至兰州、西宁，形成东西走向的主干道，强化邻近省份铁路主轴的对接，同步推动支线与专运线路的增设，并加深跨区域高速公路网络的融合，加密城市群间的城市交通联系，以更高效的途径将沿黄主要经济区域紧密相连。其次，"几字连通"模式意指从兰州出发，经银川、包头、呼和浩特、太原，并延伸至郑州，构建起综合运输走廊，旨在强化高速铁路、沿黄通道和货运通道的建设，增强黄河"能源流域"的交通互联效能。再次，"十字支撑"布局涵盖包头至鄂尔多斯、榆林，延安至西安的纵向线路，以及银川至绥德、太原，兰州经平凉、庆阳经延安至北京的横向通道，以此为框架，不仅将建设高速铁路网络，还会提升普通铁路的客货运输能力，有力推进陕甘宁革命老区及吕梁山区基础设施现代化。此外，还需不断优化黄河流域高速公路网络结构，提升国家与省级主干道路的技术规格。同时，加大力度建设跨黄河交通设施，积极探索黄河适宜河段的旅游通航及分段航运可行性。在航空交通方面，加速西安、郑州两大国际航空枢纽建设，以及济南、呼和浩特、太原、银川、兰州、西宁等区域航空枢纽的功能提升，尤其注重上游高山区域支线机场的布局完善，以实现黄河流域交通系统的全面升级与均衡发展。

3. 强化跨区域大通道建设

加快实施雄安至忻州、天津连线潍坊（及烟台）铁路建设计划，旨在构筑一个高效的交通走廊，紧密连接黄河流域与京津冀区域，同时增强黄河"几"字弯地带与京津地区的互通性。此外，应加深黄河流域与长江经济带、成渝城市群、长江中上游城市集群之间的交通联系，积极推动西宁至成都、西安至十堰、重庆对接西安等铁路重点工程的实施，并探索启动成都至格尔木铁路等潜在项目，旨在搭建兰州、成都、重庆间的南北客运与货运主干道，以及西安对接成都、重庆，郑州连通重庆、武汉的通道，形成一个贯穿黄河流域与长江流域的综合铁水联运网络。在此过程中，需确立铁路运输的核心地位，推进大秦线、朔黄线、西平线、宝中线等既有通道的扩容改造，并充分利用浩吉铁路的潜力，强化集散系统建设，保障东西、南北煤炭运输通道的顺畅，提高煤炭运输效能。推动青海至河南、陕北连接湖北、陇东至山东特高压输电工程的建设进程，目标在于开辟清洁能源捆绑外输的新路径，促进绿色能源的有效利用。在油气输送领域，持续优化油气主干管网架构，加速如西气东输等跨地域天然气管道建设，完善黄河流域城市群内支线及终端管网布局，同时增强区域内油气战略储备能力，根据地理特点合理建设地下储气库，确保能源供应链的稳固与安全。

6.2.3 构建区域城乡发展新格局

积极推动特大城市实现健康有序的发展，并引导其瘦身健体，同时有序地推进大中城市的建设。注重县城城镇化的补短板和强弱项工作，以全面提升县城的综合承载能力。

1. 高质量推动沿黄城市群建设

首先，打破地区和不同领域之间资源要素流动的壁垒，提高土地、资金等生产要素的配置效率，从而强化沿黄城市群的经济与人口承载能力，打造成为黄河流域高质量发展的核心引擎。其次，强化生态环境、水资源等约束，严格控制城镇发展边界，避免"无序扩展"，促进沿黄地区"瘦身健体"，通过优化布局，提高效率，达到"减量－增效"的目标。此外，对于上中游地区，应严格控制新建各类开发区的数量与规模，确保黄河流域的资源环境得到有效保护，为生态保护奠定坚实基础。以沿黄超大特大城市为龙头，加强市内市外交通有效衔接和轨道交通"四网融合"，培育形成以主城区为中心、1小时通勤为基本范围的都市圈，带动周边大中小城市发展。加强沿黄城市群基础设施体系化建设，统筹推进城市群生态廊道建设，构筑城市群生态和安全屏障，形成以流域生态廊道为主纽带，与区域绿道、城市绿道相连接的绿道网络，引导构建一种多极化、层次丰富、节点多样化的网格状都市群空间结构。

2. 顺应地域特色推进县域发展

尊重地域自然条件、城市形态的历史肌理和延续性，维护山水城格局的连续完整，传承"立足天地山水之间"的自然观，尊重和适应不同的山水城关系。优化县域基础设施和公共服务设施布局。合理布局沿黄地区基础设施和公共服务设施，推进区域型市政基础设施、公共服务设施向周边村镇延伸覆盖。采纳多方位策略，分类建设具有特色的产业园区、农民工回乡创业区域，以及农产品保存保鲜与冷链物流基础建设等产业促进平台，旨在激活农业农村创新及创业潜能。与此同时，彻底解除所有县城落户门槛，并大幅度精简户口迁移程序，保障农业人口迁移群体能够顺利实现在邻近地区的落户。针对黄河流域上游诸县城，实行有步骤的支持策略，同时基于理性原则指引农业核心生产区域与重要生态功能维持区域内的县城，依据科学规划导向发展。关于县城公共服务体系的改善，推行设施升级项目，确保这些服务与设施的发展与所属地级市市区的配置相辅相成，旨在强化乡镇医疗卫生服务能力，完善县级养老服务架构，从而确保城乡居民均能获得更高质量的公共服务体验。县城作为连接城市和乡村的桥梁，要发挥其在城乡发展中的纽带作用，促进城乡融合发展。

3. 优化城镇空间发展格局

黄河流域的全面发展策略需平衡生态效益、社会效益及经济效益的提升，确保自然资源的保护工作与经济建设活动并行不悖，相互促进。面对现存的发展质量低下及城镇化空间过度扩展等问题，首要任务是强化土地使用的节约集约化管理，严格限定建设用地的增长边界。进一步而言，必须告别传统依赖梯度转移的城市发展模式及高能耗、高污染产业的规模化路径，加速推进产业结构的调整与升级，积极倡导绿色生产和消费模式。应当充分利用该区域独特的自然资源与人文底蕴，依托中原城市群作为主要增长引擎，同时将兰西、呼包鄂榆城市群培育为新动力源，重视历史文化遗产的保护与传承，包括名城古镇、古村落及地方特色文化，通过整合生态旅游、文化遗产旅游、红色旅游及文化创意等资源，完善旅游配套设施，开辟黄河流域旅游经济新增长点。另外，考虑到黄土高原面临的严峻发展制约与较低的资源环境承载力，需加大对黄土高原水土流失治理和地质灾害预防的力度，遵循水资源约束条件来规划城市发展和人口规模，实施山水林田湖草一体化保护修复、环境综合治理及美化城乡环境的协同策略，旨在提高灾害抵御能力，改善居住环境，最终在大范围生态保护的前提下实现局部适度开发的目标。

4. 建设生态宜居美丽乡村

充分考量其独特的乡土特色和地域特性，科学规划乡村布局成为首要任务，旨在打造与黄河流域山水林田湖草沙自然景观相融合的美丽乡村。同时，积极推广具有乡土风情的建筑风格，发展乡村休闲旅游，以此吸引游客，促进农村经济多元化。针对规模显著的中心村落，应充分利用其农牧业的特色优势，借力农村产业深度融合的契机，构建专业化的村落体系，诸如特色种植业村、农产品物流枢纽及工业贸易型村庄，旨在以此为驱动力，辐射并促进周边区域的经济兴盛。至于那些接近城市的乡村地带，则需侧重于保护与发展的并重策略，审慎选取承接城市扩散功能的领域，培养出既与城市环境和谐共存又展现各自鲜明特征的乡村社区。针对一些具有丰富文化和生态资源的村庄，在保护其原有风貌的基础上，深入挖掘其历史文化内涵，推动乡村文化与旅游的深度融合，使这些村庄成为传承历史、展示文化、享受自然的新地标。

6.2.4 推动构建开放、共享且多彩易达的生态新空间

1. 探索公园绿地开放共享，启动城市试点计划

在城市草坪、绿地等区域划定休闲区域，并且配套服务设施，满足居民亲近自然的户外活动需求。更好满足城市居民对自然生态美景、和大自然亲近相处的需要，也是建设宜居城市，持续推进城市绿色低碳可持续发展的题中应有之义。因地制宜，巧妙利用有限的资源和条件，以城市居民的需求为出发点和落脚点，合理布局城市的生产生活和生态空间，让城市环境变为可感可享。

黄河流域作为中国重要的生态屏障，其城市公园建设对于维护生态平衡、提升城市品质具有不可替代的作用。黄河流域城市公园规划要充分考虑城市的空间结构、人口分布、交通网络等因素，合理布局公园的位置和规模，形成覆盖全域的绿色生态网络。在公园建设中，应注重生态保护与修复工作。通过恢复自然水系、保护湿地、种植本土植物等措施，增强公园的生态功能，为野生动植物提供栖息地，同时提高城市的生态韧性。公众是城市公园建设的重要参与者和受益者。通过开展生态教育活动，提高公众的环保意识和参与度。探索创新的城市公园管理模式，如实行公私合营（PPP）模式，提高公园建设和管理的效率和质

量。加强跨区域的协作与联动，建立公园建设协作机制，共享资源，协调行动，形成区域一体化的公园网络。建立城市公园建设的监测与评估体系，定期对公园的生态效益、社会效益进行评估，确保公园建设目标的实现，并根据评估结果调整建设策略。

2. 科学修复生态问题，提升城市形象

黄河流域生态退耕显现显著成效，但仍面临水资源短缺及部分地区天然草原缩减、生态系统衰退等挑战。应对策略聚焦于增强三江源草原水源补给区、黄土高原沟壑区水土保持等国家级生态功能区的功能，以及黄河水系的保育与生态修复工作，旨在科学优化水资源与泥沙动态管理；推动水资源与生态环境安全屏障的重建和修复工程，比如在长城沿线恢复防风固沙的林草植被，以强化森林、草原、湿地等对水源的涵养和水土保持作用；在黄河流域中上游，特别是黄土高原区域，稳步推动生态退耕项目，遏制非理性开垦，强化天然草地沙漠化防治措施；严格执行对流域内 56 个集中分布的国家自然保护区的保护规定，识别并维护自然保护区及自然地理区域中生态系统完整度高、代表性强的区域作为生态资源基地和生态走廊，借助黄河次要支流水系为支撑，建立覆盖全流域的生态基础设施网络，形成侧重水资源保护、侧重生态基础设施复育与维护的可持续生态系统管理框架。

6.2.5　社区参与，激发生态自觉

社区参与是推动生态自觉和建设宜居城市的重要因素。一是提高环保意识，社区参与可以通过教育和宣传活动提高居民对环境问题的意识，使保护生态环境成为社区居民的共识。二是培养责任感，当社区居民参与到生态保护活动中时，他们对社区环境的责任感会得到加强，从而更愿意采取行动保护环境。三是实践绿色生活方式，社区参与鼓励居民在日常生活中实践节能减排、垃圾分类、绿色出行等绿色生活方式，这些行为能够直接减少对环境的负面影响。四是促进社区凝聚力，共同参与生态保护项目可以增强社区居民之间的联系和凝聚力，建立起共同的目标和价值观。五是提供实践平台，社区提供一个实践平台，居民可以通过参与社区花园、绿化植树、环境清洁等活动，亲身体验和学习生态保护的重要性。六是政策反馈与建议，社区居民的参与可以为政府提

供宝贵的反馈和建议，帮助政策制定者更好地了解民众需求，制定更有效的环保政策。七是创新解决方案，社区参与能够激发居民的创造力，鼓励他们提出和实施创新的生态保护解决方案，应对社区面临的具体环境问题。八是传承生态文化，社区是文化传承的重要场所，通过社区参与，可以弘扬和传承尊重自然、和谐共生的生态文化。九是增强监督作用，社区居民的参与可以加强对环境政策执行和企业环境行为的社会监督，确保环境保护措施得到有效执行。十是提升生活质量，通过改善社区环境质量，提升绿色空间和生态服务，社区参与有助于提高居民的生活质量和幸福感。

6.3 厚植生态文化，提升城市生态品质

6.3.1 保护传承弘扬黄河文化

112

黄河流域是我国自古以来的重要的政治、经济和文化中心，对于中华民族的文明形成和文化传承发挥了不可替代的作用。

1. 着力保护黄河文化遗产

对黄河流域文化遗产进行全面清查，掌握黄河流域内文化遗产现状。开展黄河文化遗产的全面保护工程，建立黄河文化遗产保护廊道体系，以维护文化遗产的连续性与整体性。对于处于危险之中的遗产遗址及遗留物，实行紧急保护举措，防止其消逝或遭受更深程度的破坏。推动实施"考古中国"这一重大科研项目，深化黄河文化遗产的保护与研究力度，并强化文物鉴定与保护的规范流程，严厉惩治盗掘、窃取及非法买卖文物等违法行为。同时，加大对黄河流域革命文物及纪念地保护力度，促进跨区域同类革命文物的联动保护，实现系统性保护策略的优化。积极运用现代信息和人工智能等手段，如物联网、传感器等，对黄河沿线的文化遗产进行实时监测和保护，引入远程监控、智能报警等系统，确保文化遗产得到及时有效的保护和传承。

2. 深入传承黄河文化基因

全面系统研究黄河文化的发展脉络，实施黄河文化传承创新工程，

深入挖掘并系统阐述黄河文化所蕴含的精神内涵，构建一座桥梁，连接历史与现实，融合传统与现代，形成独特的黄河文化体系。深入研究并规划建设黄河国家文化公园，旨在展现黄河文化的独特魅力和深远影响。积极支持黄河文化遗产走向世界，以彰显其全球价值。为了加强黄河文化的研究，集结研究能量，巩固研究根基，创建一个融合多学科、交叉领域及多样化特点的创新型研究体系，旨在孕育高质量的研究产出。合理规划并实施黄河文化博物馆的扩建与新建项目，利用全面而有序的展览内容，加深大众对黄河流域博大精深历史文化的认知，亲身体验黄河文化的非凡韵味与吸引力。

3. 注重黄河文化资源的教育转化

黄河文化是我们宝贵的文化资源和财富，也是教育事业的重要抓手。学校教育发挥着至关重要的作用。黄河文化能够跨越时空传承并创造新的社会财富，与学校教育的传承和更新文化功能密不可分。正是教育的力量，让黄河文化得以保存并持续发展。从文化传承的视角审视，学校无疑是关键阵地，其教育机制在黄河文化的教育转化与创造性整合中发挥着独特作用。首先，确立在多元一体教育目标下的地方文化典范。尽管地方文化相较于家庭和社会教育而言，其影响力可能较为间接，但其累积的深层地方精神力量，对学生而言同样重要。其次，精心规划学校传承黄河文化的主要内容。基于传统教育教学理论，在选取黄河文化教育内容时，应全面考虑知识、情感、态度、价值观以及能力等多个方面，确保教育的全面性和深入性。进而，应持续探索学校教育与黄河文化的融合策略。课程作为两者融合的桥梁，通过开发地方课程和校本课程，有效实现黄河文化与各地区学校的紧密结合。此外，学校与家庭、社会的紧密合作同样不可或缺，通过三方互动，黄河文化的影响力得以全方位拓展。

4. 讲好新时代黄河故事

宣传推广黄河文化，凸显其深厚历史底蕴，向国际社会展示真实面貌发展动态，以此提高国际社会对黄河文化的认知度。同时，鼓励黄河流域与"一带一路"共建国家开展多种类型的人文交流活动，旨在增进民心相知及文化共识。同时，应强化与尼罗河、多瑙河、莱茵河、伏尔加河等国际知名流域间的沟通与合作，促进不同文明间的对话交流与相互借鉴，携手推动全球文化的发展与繁盛。通过组织跨国界寻根问祖及中华文明探源活动，努力树立黄河流域作为中华人文始祖摇篮的文化形象，凸显其独有的文化意义。在文学、艺术、新闻出版、电影电视等范畴，进一步拓展国际合作与交流的深度，并推行黄河文化海外推介计划，经由广泛翻译及推广优秀的黄河文化作品，有力推动中华文化的国际化步伐，促使世界更加深入地理解中国及其母亲河——黄河。

5. 打造黄河文化旅游带

培育文化旅游产业作为黄河流域的新兴引领性产业。首先，加强区域间的资源合作，推动全域旅游发展战略，精心打造一批彰显黄河文化魅力的标志性旅游目的地。利用上游地区自然景观的多样性、原始生态风光、多彩民族文化和鲜明地域特色，加强配套设施建设，提升旅游服务质量，支持青海、四川等地区协同建设生态旅游示范区。针对中游区域，凭借其众多古都、古城及历史遗迹等人文遗产的优势，强调地域文化与传统农耕文化的独特性，精密规划并构建具备国际影响力的历史文化旅游目的地。其次，下游地区充分利用泰山、孔庙等世界知名文化遗产，推动中华优秀传统文化的传承与弘扬。为深入提升文化软实力，强化石窟文化遗产的保护工作，塑造反映中国特质的历史文化标志及建构"中国石窟"这一文化品牌。再次，利用陕甘宁革命老区、红军长征线路、西路军西进线路、吕梁山脉革命基地、南梁革命根据地、沂蒙山区革命老区等丰富的红色文化遗产，规划并建立红色旅游线路网，旨在传递红色血脉，发扬光大革命传统。最后，启动黄河流域影视、艺术振兴计划，通过创作一系列富有时代特色的精品力作，进一步丰富文化旅游产品供给，提升文化旅游产业的竞争力和影响力。

6.3.2　塑造黄河文化形象　提炼中华文明精神标识

一是提高布局的前瞻性。秉持文化创意与科技创新双重驱动的原则，促进黄河文化的创新转化与创新发展。首要任务是对黄河文化的精髓进行深入挖掘、研究与策略性规划。在此基础上，将构建一个既体现精神实质又兼顾外在表现、兼具内在修养与外在风貌的黄河文化形象系统，全方位展现其深远的历史积淀与现时代意义。同时，对黄河流域的自然资源与文化遗产展开全面调查，通过细致剖析资源特性、明确功能布局及界定区域界限，科学制定出一系列精准保护措施、建设要点和发展策略，以实现资源的合理利用与永续发展。这些举措旨在确保黄河文化的可持续发展，同时推动文化旅游产业的繁荣。

二是夯实黄河文化形象载体。实施一系列精心策划的工程，包括保护文化遗产，构建文化标识，古都古城历史风貌的再现工程以及非物质文化遗产的记录工程。通过强化这些重要节点城市的引领作用，推动地区城市群旅游目的地的板块化、集群化发展，从而实现黄河文化影响力的全面提升和旅游产业的繁荣发展。

三是打造黄河文化 IP 矩阵。将天下黄河、华夏古都、中国功夫等打造成具有国际竞争力的文化 IP 矩阵，成为坚定文化自信、提升文化软实力的文化标识。将深化文化与旅游、生态、健康和居住等产业的融合，构建一个多元化的产业发展生态，实施区域文旅产业开发战略，注重差异化和特色化，旨在形成优势互补、协同联动的发展格局。加强文化传承载体的建设，如博物馆、艺术馆等，以进一步提升国家级文化产业示范区的辐射力和带动力，推动整个文化产业体系的优化升级。

四是优化黄河文化空间布局。黄河文化的形象构建应当与打造世界级黄河文化旅游走廊的工程紧密结合，建立健全协作发展机制，充分利用文化和旅游创新融合的战略导向及全域旅游业的政策背景，积极探求黄河国家文化公园的建设路径，推动旅游业空间布局的科学性优化与合理性配置。加速推动形成具有国际水准的黄河文化旅游带，各地域间实现旅游线路的互联互通、市场间的互动协作及共赢局面，以此助力黄河文化旅游带实现跳跃式增长。

五是发挥融合发展传播效应。加强优质内容的产出，有效利用主流媒体来"精彩讲述中国故事"。同时，应发挥新媒体在塑造和传播品牌文化、品牌形象中的关键作用，强化融合传播策略，从而累积和放大品牌传播效果。面对消费生态的世代变迁，建立文化信息的收集、分析、反馈和研判机制，以确保对文化需求的迅速响应和精准判断。

六是紧抓创新驱动提质升级。在国家文化大数据体系建构中，文化产业数字化策略占据关键位置，是新时代文化领域"新型基础设施建设"的核心组成。据统计，2020 年度，我国达到一定规模的文化及相关产业总营业额达到了 98514 亿元人民币，其中，文化创意与设计服务业贡献了 15645 亿元的营收。在塑造黄河文化形象的过程中，强化各构成部分间的协同互动及整体效率提升至关重要，这要求增强文化创意产业的辐射力和牵引力，鼓励模式创新，充分利用市场机制在资源配置中的决定性作用，促使文化市场资源向领头羊文化企业集中，实现从文化资源的隐含价值到文化品牌显性优势的有效转换。

6.3.3　发展文化产业，打造黄河文化产业的新业态

文化产业是城市的重要经济支柱之一。大力发展文化产业可以提升城市的文化水平和城市的知名度。城市可以加强文化场馆、文化活动和文化氛围等方面的建设，推动文化产业发展，提高城市形象。

1. 构建有中国风格的黄河文化价值体系

在构建黄河文化产业链的顶层设计中，首要之务是实现资源的高效利用。黄河流域蕴藏着深厚的文化资源，要成功地将这些原始文化资源从创意阶段、半成品状态转化为成熟的产业形态，关键在于有效地转化资源，激活其潜在的历史文化价值。运用现代商业推广策略，精准匹配市场环境和需求，实现资源的最大化利用。同时，注重文化产业的价值增值。文化产业的发展不仅要适应市场经济的规律，还需紧密结合国家文化战略的需求。

2. 彰显中华民族多元一体的文化历史

黄河流域，这片古老的土地，孕育了中华民族的文明，见证了民族交流交融的辉煌历史。自古以来，黄河流域就是多民族汇聚之地，汉、蒙、回、藏等众多民族在这里和睦相处，共同创造了灿烂的文化。黄河流域的文化是多元的，也是交融的。在这里，不同民族的语言、宗教、艺术、风俗习惯相互影响，相互融合。从古代的丝绸之路到现代的文化交流，黄河流域，作为中华民族的发源地之一，自古便是多元文化交流与融合的重要舞台。其广阔的地域为多民族的交融提供了得天独厚的条件，共同铸就了丰富多彩的文化历史，展现了中华民族多元一体的独特魅力。在当前的时代背景下，各省应携手并进，强化区域间的协调合作，提高黄河文化的国际化，制定相关政策，发挥市场机制作用，促进这些领域的快速发展，进而推动黄河文化与旅游、教育、产业和国际商贸的深度融合。在推动文化产业化的过程中，注重黄河文化的特色化和品牌化。通过深入挖掘黄河文化的独特内涵，提炼其核心价值，打造具有地方特色的文化品牌，提升黄河文化的国际影响力和竞争力。

3. 发展黄河文化产业的新业态

多年来，各省在推动黄河文化产业的发展上付出了积极的努力，并取得了显著的成就。但是，由于没有系统规划和保护，使得黄河沿岸的文化链接优势不能显现。当前，黄河文化产业业态虽然丰富，但面临转型升级的迫切需求。因此，必须建立科学的市场运行机制，通过市场化手段引导文化产业资源的合理配置和高效利用。这不仅可以推动黄河文化产业业态的升级，还能促进黄河文化产业化与当代新型生产模式的深度融合。具体而言，需要加强区域间的合作与联动，形成黄河文化产业发展的合力。通过制定统一的规划和政策，确保各地在文化产业发展上能够形成互补优势，避免无序竞争和资源浪费。同时，加大对黄河文化产业的扶持力度，提供政策、资金、人才等方面的支持，为文化产业的发展创造良好的环境。在推动黄河文化产业发展的同时，还应注重文化产业的创新。通过引入新技术、新应用，推动文化产业在内容、形式、传播方式等方面的创新，打造具有地方特色的文化品牌，提升黄河文化产业的竞争力和影响力。深入探索黄河文化中蕴含的价值观念和人文精神，并紧密结合电视剧、电影、歌舞、戏剧等艺术形式，精心打造新传媒精品项目，以实现文化的创新传承。在超越地域界限的同时，整合网络资源，有序开展黄河文化相关网站的建设，并充分发挥主流媒体的影响力，推动文化产业向多元化发展。着重培育黄河文化相关的工艺品生产主体，倾力打造"黄河手造"品牌，以此展现黄河文化的深厚底蕴。同时，加强工艺品生产基地的建设，以丰富黄河文化产品的供给。在文化产业与旅游业深度融合的进程中，确保生态环境保护占据优先地位至关重要，需将红色文化遗产、黄土风情及黄河元素等进行有机整合，旨在构筑既现代化又富有特色的文化产业体系。在这一过程中，既要妥善守护并传承历史文化遗产，也要积极推动黄河文化产业迈向创新性转化与革新性发展的道路。为了深化黄河文化的展示和传播，应强化跨区域合作，打造多个独具特色的文化主题展示区。

4. 打造展现黄河文化产业特色的地标城市

深入挖掘黄河文化的历史记载，通过精心打造黄河文化产业地标城市，旨在展示中华文化的新风貌和黄河流域发展的新气象。在文旅融合的品牌塑造过程中，可以选取呼和浩特、银川、兰州、西安、郑州、济南等城市作为黄河历史地标城市，以这些城市为节点，形成黄河文化对外传播的辐射网络，实现多点共发、一体传播。同时，充分利用大数据和人工智能等现代科技手段，对黄河文化和旅游、创意产业进行科技化展示，构建具有全球影响力的黄河文化展示平台。这一平台将助力黄河文化产业在国内市场的稳固发展，并积极开展具有国际影响力的活动，进一步拓宽文化传播渠道。在推进黄河文化产业的实践探索中，多个区域已取得显著成果。以青海为例，该地区借助沿黄经济带的优势，精心规划了黄河金岸文化旅游产业走廊，利用黄河文化展示轴线促进了沿岸文化产业的均衡发展。自 1991 年起，宁夏银川定期筹办宁夏国际黄河文化节，而兰州则通过建设黄河楼，并打造出百里黄河风情高端文化旅游线路，为确立黄河上游文化中心地带及典型代表区域提供了实用且富有启发性的经验借鉴。

5. 推进黄河文化与科创的融合发展

构建一个涵盖时空维度的综合生态系统，全面展现黄河文化的深邃与丰富。从横向上看，有必要推动黄河流域各区域文化资产的整合工作，促成涉及九个沿岸省份的黄河文化遗产的持续汇集与多维度交流；纵向上，则需深入挖掘并联通中华文明发展历程中黄河文化的内在脉络，确保文化传统得以维系与延续。在此进程中，数字技术凭借其特有的互联性、跨界整合能力及实时交互功能，正逐渐成为激发黄河文化发展活力的关键因素。依托先进的数据中心，系统地收集黄河文化的时空要素，形成可长期保存和永续利用的数据资源，确保黄河文化资源能够稳定地融入数字化终端。深化文化与科技的融合创新，应着力推动黄河文化产业及其产品的数字化转型升级，覆盖从生产、传播至消费的全链条。加强信息科技对文化内容的支撑力度，加速数字艺术在文化艺术创作及文化产业发展中的广泛应用。典型案例包括敦煌研究院与高等教育机构携手推进的"数字敦煌"项目，该项目在大数据集成多元文化资源方面进行了前沿探索，利用全景展示技术，不仅使敦煌文化实现了数字化永续保存，还使远离实地的观众也能感受到中华优秀文化的独特魅力。此外，将文化象征与精神标志转变为新型"数字资本"，以此为杠杆构建黄河文化的时间与空间生态体系，建立在庞大数据库基础上的文化资源系统，是全面阐释黄河文化、系统展陈中华文明精粹的关键途径。此举将进一步促进对黄河文化独特价值的理解、传承与发扬。

6. 促进文化产业高质量发展

针对区域文化产业发展的短板，为了全面提升文化产业的高质量发展水平，必须聚焦创新效应的提升，并以此带动生态效应和开放效应的共同增长。具体措施如下：（1）构建完善的文化产业风险投融资体系。这一体系应涵盖天使基金、风险基金、产业基金等多个层面，为文化企业的创新发展提供全方位的资金保障。大大增强文化企业创新的资金供给能力，为文化产业的高质量发展奠定坚实基础。（2）打造专业化的文化服务市场。这个市场应包括文化鉴定、评估、担保、法律服务、会计服务、证券经纪服务等多元化服务，为文化产业的创新提供全方位的专业支持。这将有助于降低企业的风险，提高创新效率，推动文化产业向更高层次发展。（3）制定科学的财税政策以激励文化创新。对于具有显著正外部效应的文化创新项目，应给予相应的补贴和税收减免，以降低文化创新的成本，激发文化企业的创新动力。这种政策导向将有助于形成文化产业创新的良好氛围，推动文化产业持续健康发展。（4）加强文化版权制度建设，保护创新成果。应严厉打击文化侵权行为，保护文化企业的合法权益，实现创新的外部效应内在化。这不仅能维护文化市场的公平竞争，还能为文化创新提供稳定的法治保障，进一步推动文化产业的高质量发展。

为了加强地区文化产业发展的协同效应，并推动黄河流域文化产业高质量同步发展，具体措施包括：（1）实施全流域文化产业发展战略统筹机制。以建设黄河生态文化走廊为核心，强化黄河流域内各地区的文化产业合作，实现优势互补、互融互通、共同开放、共同发展。通过统筹规划确保各地区文化产业发展的协同性，形成合力，推动整个黄河流域文化产业的高质量发展。（2）建立区域合作机制，促进文化产业要素的流动与整合。通过搭建区域文化产业发展园（区）等合作平台，为黄河流域内的文化企业、人才、技术、创新提供交流和合作的机会。有助于推动文化要素的流动与整合，提高文化产业发展的效率。同时，区域合作机制还可以促进文化产业的创新，推动文化产品的多样化和个性化发展。（3）建立区域文化产业的互助机制，弥补发展短板。各地区应深入贯彻协调发展的战略思想，通过产业互助、企业互助、项目互助、对口支援等精准措施，推动黄河流域内文化产业的均衡发展。特别是要加强对中西部地区文化产业发展的支持，组织东部地区的大型文化企业到中西部地区投资兴业，带动中西部地区的文化产业发展。同时，还应加强对中西部地区文化专业人才、管理人才的教育培训，提高其文

119

化产业发展的能力和水平。

6.3.4 加强品牌建设，提升城市知名度

品牌建设作为城市形象的核心要素，直接映射出一座城市的独特风貌与文化底蕴。黄河文旅品牌的精心培育，不仅是中国文化的重要载体，更深刻体现了黄河流域文化产业的整体实力与经济发展水准，其文化价值深远而持久。

黄河流域"生态软实力"品牌的打造可以从以下三个方面入手：第一，让"城市生态软实力精神"建设成为"品牌内核"。在生态文明建设的不懈进程中，我国多地已取得举世瞩目的成就，实现了由"沙漠变绿洲"与"荒原变森林"的神话般转变。这些成就背后，凝聚了我国人民的坚定信念和不屈不挠的精神，这些精神彰显了我们国家对于绿色发展的坚定追求，更体现了面对困难与挑战时攻坚克难的顽强意志。黄河流域加快生态保护，着力推进城市生态软实力建设，彰显城市生态软实力建设精神，在构建黄河流域"生态文明"品牌的过程中，将"生态软实力精神"置于其内核位置，从而确保该品牌能够展现出强大的代表性和深厚的内容底蕴，进一步成为备受推崇且易于推广的标志性品牌。第二，深化品牌的核心理念，为品牌注入独特的文化内涵和时代价值。从 2015 年 3 月起，"绿水青山就是金山银山"被写入中央文件《关于加快推进生态文明建设的意见》的深刻论断，彰显了生态文明建设的重要地位。在党的十九大报告中，进一步强调了"推动构建人类命运共同体"的理念，展现了我国在生态与外交领域的双重愿景。在 2018 年的全国生态环境保护大会上，习近平总书记提出的"像保护眼睛一样保护生态环境"等深刻见解，以鲜明生动的表达，揭示了生态文明建设的核心价值和方向。若将生态文明视为我国独特的发展名片，那么这些关于生态文明建设的论述，无疑构成了这张名片灵魂的精髓，不仅汇聚了我国生态文明建设的核心理念，更以其独特的魅力，有效地向国际社会传递了我国在绿色发展道路上的坚定决心与辉煌成就，从而为我国生态文明建设的理念赢得了更广泛的国际认同与支持。第三，要将"生态产品"打造成为具有显著影响力的"标志性品牌"。应致力于将生态环境的自然优势有效转化为生态农业、生态工业及生态旅游等生态

经济领域的切实竞争力,从而凸显其独特的价值与优势,是实现"绿水青山"向"金山银山"转化的关键路径。在此进程中,政府的主导作用、企业与社会的协同努力以及市场化运作的灵活机制共同构成了推动生态文明建设的重要力量。这些要素不仅是"生态文明"品牌建设的核心支撑,更是实现可持续发展目标的关键环节。通过这样的转化与建设,能够更有效地将生态环境的优势转化为经济社会的长期福祉。

生态产品作为与生态环境紧密关联的公共资源,具备社会共享的特质,其范围涵盖了生态公共产品以及那些对全国乃至全球生态系统具有深远影响的社会共享产品。然而,当前黄河流域生态产品价值实现的困境主要在于缺乏一套科学系统、公众广泛认可的价值评估体系。因此,构建和完善生态产品价值实现的顶层设计显得尤为重要。一旦这一体系得以健全,生态产品的价值便能得到全面体现,进而将生态优势直接转化为经济优势,从而显著提升黄河流域"生态文明"品牌的内在价值。这一转化过程不仅符合生态文明建设的长远目标,也体现了对可持续发展理念的深入贯彻。

121

6.4 构建生态文明制度体系, 提升生态文明建设软实力

6.4.1 健全生态环境法治

在深入贯彻习近平生态文明思想的指导下,针对特定流域的生态环境保护问题,构建一套完善的黄河保护法律框架。针对黄河保护法的执法检查工作,精准把握其核心要点,以确保各级政府能够协同合作,共同推进黄河的保护与治理工作。重点关注法定职责的履行情况、重要制度的实施状况,以及法律相关配套规定的制定与修订进展。同时,不能忽视法律实施过程中可能遇到的突出问题,需及时识别并予以解决。完善治理市场和保护机制,深化监管制度,积极倡导全民参与共建绿色生活,形成导向明确,决策科学,实施有力,激励高效,多元参与,良性互动的黄河流域治理现代体制。

完善法律法规标准。充分发挥黄河保护法法治约束作用，建立最严格的水资源、水生态、水环境、水灾害治理制度并有效实施，支持出台地方性法规。为了有效应对环境污染较严重的区域和治理压力较大的区域的挑战，制定更为严格的排放标准，同时，为确保环境管理的科学性和决策的准确性，致力于建立健全环境监测网络，并不断提升监测数据的精确度和时效性。此外，对潜在的环境风险进行全面评估，并提前进行预警，以确保迅速而准确地应对可能的环境挑战，制定相应的预防和应对策略。

完善生态环境执法体制。深化生态环保行政执法体制改革，将生态环保执法工作重点下沉到市县。全面加强生态环境保护综合执法能力建设，推进执法机构示范单位建设，全面完成统一着装，加强执法装备配备，提高生态环境执法效能。

6.4.2 深化生态环境管理制度

为了进一步优化生态环境领域的治理效能，深化"放管服"改革。在此过程中，持续精简行政权力，提升管理效率，加快实施环境影响评价审批与监督执法"正面清单"制度，以确保为新型基础设施、新型城镇化、交通和水利等重大工程建设提供更为高效便捷的审批通道，从而开辟出一条绿色、畅通的政策环境之路。完善考核和责任追究制度。将黄河流域生态环境保护成效纳入相关考核。需要进一步强化对各级党委政府在生态环境保护方面履职尽责情况的评估考核，并将这些评估结果整合进地方高质量发展综合绩效评价考核体系中，提升黄河流域生态环境保护的有效性。对于环境破坏事件，全面实施生态环境损害赔偿制度，确保损害者承担相应责任，促进生态环境的恢复与保护。

全面推行排污许可管理制度，依法确保排污许可的全面实施。在强化"一证式"管理原则，不断完善企业台账记录、自主监测体系以及执行报告机制，旨在引导企业依法持证排污、严格遵循许可要求进行排污。致力于推动环境影响评价、总量控制、统计制度以及执法监管等各环节与排污许可制度的深度联动。力求构建一个以排污许可制度为核心，科学、高效、规范的固定污染源监管体系。

构建完善的环境治理信用体系，同时引导企业公布环境信息。完善企业的环保信用评价体系，并根据评价结果实施差别化的监管策略。细化排污企业的黑名单制度，确保环境违法企业能够依法被纳入失信惩戒名单，以强化其法律责任。

构建区域协同保护的新格局，深化跨区域的生态环境保护合作，进一步完善省际协商机制。特别地，各地应积极在水源保护和涵养以及生态保护方面展开协同工作，以实现生态资源的共享与保护策略的协同，从而共同构建更为和谐稳定的区域生态环境。

为了强化生态环境的严格监管，将黄河生态保护治理列为中央和省级生态环境保护督察的核心议题，持续摄制黄河流域生态环境警示片，以推动问题整改的落地实施。同时，开展生态保护红线监管试点工作，并加大"绿盾"自然保护地的监督力度，旨在构建完善的生态保护红线生态破坏问题监管机制。在流域生态环境监督方面，加强跨区域、跨部门的联合执法力度，推动环境资源公益诉讼的跨省协作，以确保环境法律得到有效执行。通过深化行政与司法的协同合作，发挥检察公益诉讼的职能作用，依法查处重大环境污染和生态破坏案件。为进一步提升监管效能，建立生态环境重大案件信息共享、案情通报以及案件线索移送制度，确保相关信息在各部门间及时、准确地传递。同时，定期发布典型案例，以加强社会的警示作用，共同维护良好的生态环境。

6.5　创新开放融合，激发城市生态活力

6.5.1　提升科技创新支撑能力

黄河流域作为中国能源化工原材料及基础工业的重要基地，对全国经济发展具有"能源引擎"和"生态保障"的作用。近年来，黄河流域生态保护面临的巨大压力，传统产业转型困难以及科技协同发展不充分等问题严重制约着黄河流域的绿色发展与高质量发展。继续推进生态环境保护科技创新工作，加强对黄河流域生态环境主要问题的研究，围

绕水资源保护、水沙治理和植被保护进行技术研发。扶持黄河流域农业科技和高新技术示范区的发展，创新技术，突破生物育种和旱地农业等技术突破。通过省区科技资源优势，形成产业合作、科技创新，形成整体合力，有效促进流域高污染行业、高耗能产业的转型升级加速布局黄河流域一系列重大的科学技术基础设施，统筹规划构建一批国家层次的重点实验室、产业创新中枢、工程项目研究机构及其他的科技创新载体，强化科学技术与工程领域专业人才的培养引进力度。依据市场导向和法治原则，采取鼓励社会资本创立黄河流域科技成果转换投资基金，以及完善科技资本运作体制等举措，融合运用政府采购手段、技术标准化规范及激励机制，以促进科技成果的有效转化。

6.5.2　健全生态产品价值实现机制

构建一种上下贯通、补偿与补偿相结合、政府和市场相结合的生态物品价值实现机制，这一机制旨在通过多元化的手段，确保黄河流域生态产品的有效供给。推动黄河干、支流横向生态补偿制度的建立，推动以水等为主要指标的区域间生态补偿。为了探索更为有效的补偿模式，在黄河流域的一些重点区域，实施生态综合补偿试点，通过综合施策，提升这些区域的生态功能和服务水平。同时，鼓励地方探索开展生态产品价值核算和计量工作，逐步推进综合生态补偿的标准化、实用化和市场化，确保生态补偿机制更加科学、合理和高效。

6.5.3　加大市场化改革力度

优化沿黄省份的企业营商环境。通过制定改进措施清单，明确优化营商环境的主体，推动各项措施落地实施。制订国有企业混合所有制改革方案，鼓励国有企业改革试点，打破行业壁垒，改革垄断企业，打造公平的营商环境。在法律上，对不同类型的企业一视同仁，对一切不公平的规定和做法进行彻底的清理和废除，为民营企业和民间资本创造一个有利的环境，以激发市场活力，推动经济多元化发展。不断探索特许经营的新模式，引入具备资质的市场主体，对具备条件的支流河段进行生态建设和环境保护，以期实现经济和环境效益的共赢。

6.5.4　深度融入共建"一带一路"

要高标准推动自贸试验区建设,进一步扩大改革开放的自主权。激发沿黄省区的经济活力,进而推动整个区域经济的繁荣与发展。积极鼓励一些沿黄大城市建立与国际接轨的体制机制,以加速投资贸易便利化进程,吸引全球优质资源要素聚集,强化这些城市在国际交往中的功能,打造成为黄河流域对外开放门户。充分利用黄河上游及中游省份作为丝绸之路上关键通道与节点的地理优势,融合其经济实力、历史积淀与文化底蕴的综合国力,构建内陆型对外开放的高地区域,加速形成连接中亚、南亚与西亚区域的交通网络、贸易物流核心以及关键的产经与人文交流平台。在黄河流域各省区部署一些农业对外合作的试点区域,加深与"一带一路"倡议共建国家在农业与畜牧业板块的合作层次,扶持有竞争力的企业海外生产基地的建设,以期进一步开辟国际交流与合作的新边疆。

6.5.5　健全区域间开放合作机制

重点促进青海、四川及甘肃等地的联动合作,旨在增强水源保持功能与生态系统恢复工作,从而建立黄河流域生态保护及水源涵养的核心地带。尤其是,甘肃与青海应联合推进祁连山脉的生态修复项目及黄河上游冰川群的保护举措。针对陕西、宁夏和内蒙古的接壤区域,应优化能源化工产业的分布格局,加强生态环境的协同保护及水质污染的系统治理。位于黄土高原交界处的陕西与山西,其合作亦极为关键,双方需共同努力维护黄河晋陕大峡谷的自然环境。此外,需深化晋陕豫三省在黄河金三角区域的经济协作,以促成郑洛西高质量发展协同带的构建,并促动晋陕蒙等跨区域合作的向前发展。与此同时,山西、内蒙古与山东等省份应强化与京津冀区域的协同发展力度,深化在科技革新、金融服务、新兴工业及能源供应等领域的合作交流,并健全南水北调中线工程受益区与水源保护区的配对协作机制。

第2篇　山东省城市生态软实力研究

第7章 评价说明

7.1 研究背景

城市是当前人类社会对自然环境干预最强烈的地域。自21世纪开始，随着人口增长迅速和城市化加速，资源匮乏、环境退化以及生态系统功能弱化等问题日益凸显，形成了严峻的挑战。为实现城市的长期、稳定且可持续的发展，必须坚守尊重自然、顺应自然规律、保护生态环境的生态文明理念，并将这些理念融入社会等各个领域和全过程之中。生态文明建设需硬实力，亦需软实力。长远来看，软实力是推动生态文明内生发展的关键动力。

黄河流域城市应当坚定推动生态保护，带动整个流域范围内的生态和经济发展。在新发展阶段，提升城市生态软实力不仅是实现黄河流域生态保护和高质量发展的有效途径，而且能够为全国实施城市生态治理探索路径，具有鲜明的时代价值。山东省位于东部沿海地区，是黄河下游对外开放的重要门户，而且山东半岛城市群也是黄河流域所有城市群中唯一一个处于成熟阶段的城市群，具有高度的发展基础，同时面临着生态脆弱、环境污染，黄河文化保护欠缺和产业结构亟须升级等问题。因此，本部分对山东省城市生态软实力建设进行研究，为山东省发挥其在黄河流域带头作用，形成符合城市高质量发展和空间治理要求的科学发展模式，为多层次、多类别的黄河流域城市治理和可持续发展战略实施奠定基础。

7.2 概 念 界 定

软实力，作为一种能力，是相较于硬实力而存在的。它基于经济、科技等硬实力的坚实支撑，通过一系列软性元素——包括价值观、文化、制度体系、政策导向和治理能力，来塑造和释放一种内在的影响力。这种影响力不仅作用于一个国家或地区的发展潜力，更在无形中增强了其感召力，进而对外部世界产生深刻的影响。这种影响力并非显性的，却至关重要，因为它能够塑造一个国家或地区的国际形象，提升其国际竞争力，从而在全球舞台上占据更有利的位置。在城市层面，软实力尤为重要，它关乎城市的形象、品牌和长远发展。城市生态软实力是城市软实力的一个重要分支，它是一个多维度、多层次的概念。城市生态软实力反映了城市在竞争环境中，如何利用生态资源来引导价值认同，并将其转化为实际的发展能力。这种能力不仅体现在物质层面，更蕴含在城市风貌、居民的生态意识、生态行为以及政策治理等非物质要素中。

具体体现在城市生态形象维度、城市生态文化维度、城市生态制度维度、城市生态活力维度等方面。一是城市生态形象彰显城市的吸引力。城市生态形象是城市对内、对外展示生态文明建设水平的剪影，是城市生态治理成效和生态硬实力的直接体现，更是城市生态软实力建设的基础支撑。二是城市生态文化彰显城市影响力。城市生态文化是城市文明的重要组成。城市在长期的发展过程中，形成了具有地方特色的生活方式、风俗习惯、价值理念和文化艺术传统，这种城市生态文化彰显了城市社会各方面力量对生态文明建设的认同。三是城市生态制度彰显城市保障力。城市生态制度是生态文明建设和生态软实力建设中的不可缺少的环节。城市生态制度是政府进行生态软实力建设的行为和意识表现。四是城市生态活力彰显城市创造力。城市生态活力指依托城市生态资源创造新的价值的能力和动态成长性，是城市生态软实力建设所带来生态效益的体现。城市生态软实力的建设是一个系统工作，需要政府、企业和民众的共同努力。通过提升城市生态形象、丰富城市生态文化、完善城市生态制度和激发城市生态活力，城市不仅能够提升自身的吸引力和竞争力，还能够为可持续发展做出积极贡献。

7.3　山东省生态软实力建设的实践

党的十八大以来，生态文明理念深入人心，绿色低碳观念逐渐改变着人们的生产生活方式。在此背景下，山东把生态文明建设摆在突出位置，牢记绿水青山就是金山银山的理念，各地市扎实推动绿色发展，不断增进人民福祉。

一是强链条，优生态，加快建设现代化产业体系。尤其2018年以年，山东省开展新旧动能转换，建设绿色低碳高质量发展的先行示范区，推动产业转型升级，加速建设绿色制造体系和服务体系，推进全省产业结构走向绿色、高端和智能，为践行中国式现代化山东开拓了广阔空间。

在这些政策的支持下，山东省正加速推进新能源汽车、集成电路以及节能环保等全产业链的蓬勃发展，同时也在积极布局和培育未来产业集群，如济南的空天信息、潍坊的元宇宙产业，以及烟台的东方航天港等。除此之外，据《大众日报》2023年7月18日报道，山东省还积极推动"十强"产业形成"雁阵形"集群式发展，目前共培育了180个这样的集群，总体规模已突破8.9万亿元，为山东省的经济发展注入了强劲动力。山东省还积极打造了包括7个国家级、50个以上的省级战略性新兴产业集群。在全国范围内成功设立工业互联网示范区，建立了7个国家级"5G+工业互联网"典型应用示例，促进了数字经济与实体经济的深度结合，为绿色低碳高质量发展注入了数字化动力。为了构建高效的信息通信基础设施，山东省正致力于全面构建"5G融合光纤"双千兆速率的网络基础设施，并积极推进国家级互联网主干直联节点及青岛国际通信业务门户站的建设。该省前瞻性的部署涵盖了未来网络技术、碳基半导体技术以及类脑计算等尖端领域，旨在率先占据科技领域的战略高地。同时，在计算能力设施的建设方面，济南市与青岛市的国家级 E 级超级计算中心正处于加速建设阶段，旨在大幅增强云计算的服务效能。此外，不断完善互联网大数据中心体系，以支撑数字经济的快速发展。这些举措将共同推动山东省信息通信产业的升级和转型，助力实现高质量发展。

山东省正在加快构建高水平创新平台。据齐鲁壹点 2022 年 9 月 21 日报道，已经设立了 1 个国家级实验室和 21 个全国重点实验室，同时建设了 9 个省级实验室和 277 个省重点实验室，形成了包括"1313"四级实验室在内的实验室体系。山东省专注于增强自主研发能力的培养，显著增强了对十大重点产业中关键技术及核心环节突破的支持力度，每年稳定推行约百项重大的科学技术项目。这些措施成功破解了一系列产业链上的关键制约因素，为促进绿色、低碳且高质量的经济发展模式奠定了坚实的科技基础。

二是降碳、减污、扩绿，绿色发展底色更加鲜明。山东省在新能源、可再生能源、核电、引进外部电力等领域增加投入，同时采取措施减少煤炭产能，并淘汰落后的燃煤机组，以降低能源结构压力。建设现代能源体系，保证能源安全稳定，控制化石能源的增长，通过节能降碳改造等，降低环境污染。大力开发可再生能源，利用采煤沉陷区域搭建风力发电基地，建造千万千瓦级深远海海上风电基地，探索光伏融合的发展模式。

三是改善环境质量，增强人民群众获得感，使优良的生态环境成为山东的靓丽底色。山东开展了保护蓝天、绿水和健康土壤的举措。打赢蓝天保卫战，减小空气污染。打好碧水蓝天保卫战，规范监督排污口的建设。为打好净土保卫战，山东省强化了受污染耕地和矿区用地的风险管理与修复工作，确保人口稠密区化工企业腾退土地的安全再利用。此外，系统性地检查并坚决阻止污染性项目向乡村地域转移的趋势。关于海洋环境保护议题，山东省推进"碧海行动计划"与海岸线生态保护修复工作，依据"差异化海湾管理"策略，深化海湾环境的整体治理，并强化对来自陆地的污染排放源、沿海岸线及滩涂区域的严密监管。在此基础上，山东省亦规划筹建了北方海域环境应急响应中心。回顾2013 年至 2022 年，据山东省生态环境厅数据，山东省在空气质量改善方面取得了显著成效，$PM_{2.5}$ 平均浓度大幅下降六十多个百分点，优良天数占比显著上升三十多个百分点，而重度污染天数则显著减少94.2%，这极大地提升了人民群众的幸福感和蓝天感知度。

四是合理布局交通设施。加速构建青岛至郑州、西安的经济通道，并加快京沪高铁辅助通道的建设进程。同时，针对京杭运河黄河以北段的适宜河段，积极推进其复航工作，以拓宽水路运输网络。在港口建设方面，推动青岛港、日照港等港口向世界一流海港的目标迈进，并加强与天津、河北等沿海省份港口的合作与互动，共同构筑世界级港口群，实现资源共享和优势互补。

五是坚持城市品牌塑造，打造响亮城市名片。有的城市根据独特的地理位置和优越的自然资源，打造城市品牌，如济南以"天下泉城"著称，东营打造"黄河入海口城市"；有的凭借历史文化资源，打造城市品牌，如淄博打造"齐国故都"；有的以特色工艺，打造城市品牌，如"风筝之都"潍坊。在 2023 年中国地级市品牌评价综合影响力指数前 100 名城市榜单中，山东省 8 个地级市上榜，分别是烟台市、潍坊市、淄博市、威海市、济宁市、泰安市、临沂市和东营市。此外，各类全民低碳、环保联盟、城市绿芯、绿动泉城等活动也在山东各地广泛开展，生态文明宣传力度不断加大，公民环保意识不断提高。进行自然资源领域生态产品价值的实现机制试点行动，建立健全生态产品价值实现机制。为加快生态产品价值实现机制的形成，山东省自然资源厅评定出 2021 年生态产品价值实现典型案例 22 个。2023 年又评定出生态产品价值实现典型案例 15 个。据山东省发展和改革委员会 2022 年 9 月 29 日公布的数据，自 2022 年下半年起，省级层面着手启动并逐步完善生态产品价值实现机制的试点构建，此试点覆盖了 4 个市区、16 个县域行政区，以及纳入 2 个特定功能区域。遵循既定时间表，各试点区域需在 2023 年 6 月末前，全面摸清本地生态环境底数，编制反映地方特色的生态产品目录；并务必于同年年底，完成对 2022 年生态产品价值的计量评估报告，为生态产品价值实现机制的持续深化奠定基石。展望至 2025 年，预期各试点区域将基本确立一套成熟的生态产品价值核算体系、应用体系及相关政策措施，为生态价值的有效转化提供全面支撑。

7.4　评价方法及数据来源

本研究构建了城市生态软实力评价指标体系（见表 7 - 1），参考以往研究成果，采用专家打分法，以黄河流域九个省份为研究对象，重点对山东省及其 16 个地级市城市生态软实力发展水平进行评价。

表 7 - 1 城市生态软实力评价指标体系

一级指标	二级指标	具体指标	单位
生态形象	大气质量	城市空气质量优良天数	天
	人居环境质量	城市公园绿地面积占建成区面积的比重	%
	生态关注度	生态文明建设为热词的城市搜索指数日均值	条
生态文化	节约用水	城市人均日生活用水量	升
	绿色出行	每万人公共汽车客运总量	人/百万人
	清洁能源使用	天然气普及率	立方米/百万人
生态制度	资金保障	市容环境卫生投资占财政支出的比重	%
	人员配置	水利、环境和公共设施管理从业人员数占比	%
生态活力	经济实力	城市人均 GDP	元
	旅游效益	旅游收入占 GDP 的比重	%
	科技活力	城市每万人绿色专利申请量	个/百万人

城市生态软实力建设程度计算公式为:

$$T_i = \sum_{i=1}^{n} R_i P_i$$

式中，T_i 为第 i 城市生态软实力建设程度；n 为评价指标；R_i 为第 i 指标标准化后的取值；P_i 为第 i 指标的权重。指标权重 P_i 的确定采用德尔菲法，通过面谈、电子邮件、电话等方式征求了 10 位国内生态城市、生态文明城市研究专家的意见，并参考相关研究成果对于指标权重的赋值，从而确定本研究的指标权重。

为保证数据的准确性，数据来源于中国城市统计年鉴和中国城乡数据建设库。部分缺失值采用线性插值进行补充。其中由于代表节约用水的人均日生活用水量指标为中间型指标，参考中华人民共和国住房和城乡建设部发布的《城市居民生活用水量标准》，选取 150 升为理想值，采取赋分制取值，共分为十个等级，其中 145 ~ 155L 区间为最理想等级，取值为 100 分，低于 145L 以及高于 155L 取值依次递减。同时为消除不同量纲的影响，对指标数据均进行归一化处理，便于进行综合指标评价。

第8章 评价结果

本书收集整理了 2011~2021 年黄河流域九省份地级市的统计数据，依据综合评价方法，从生态形象、生态文化、生态制度、生态活力四个方面开展山东省城市生态软实力的单向评价和综合评价。

8.1 山东省城市生态软实力在黄河流域名列前茅

从各省份来看，黄河流域城市生态软实力在不同地区之间存在差异（见表 8-1）。2021 年，山东省城市生态软实力得分为 0.273，在整个黄河流域排名第二，仅次于陕西。山东省城市生态软实力建设水平较高，主要原因在于山东积极开展生态建设，通过后天生态改造和努力提高城市生态软实力水平。早在 2003 年，山东就已经提出了生态省建设的目标，并且在 2012 年提出建设生态山东，因此，在生态建设和环境保护中山东省一直居于全国领先地位。随着 2020 年的《关于支持发展环保产业的若干措施》的颁布，使生态环保产业政策体系不断完善，不仅为经济增强了后劲，而且进一步明确了山东省生态环保产业的发展目标与任务，为生态环境高质量保护和经济高质量发展提供了政策支持。2022 年 9 月，山东省人民政府办公厅正式颁布了《关于促进黄河流域生态保护和高质量发展的一系列财政政策措施》，旨在促进黄河流域的高质量发展进程，并不断优化财政政策框架。该政策着重构建与完善包括生态保护补偿机制、环境污染治理资金配置机制、水资源高效利用与重点工程项目投资机制、驱动高质量发展的策略、黄河文化遗产保护投入机制，以及资金引导与安全保障机制在内的多个维度，为强化黄河流域的生态保护工作提供了坚实的财政后盾。

2023 年 1 月，由山东省生态环境厅协同其他 12 个部门联合发布了《山东省黄河生态保护与治理强化行动方案》，该方案进一步细化并明确了山东省在黄河生态保护与治理方面的核心任务与攻坚方向，力图实现河流湖泊生态保护治理、改善空气质量、修复生态问题。这一系列生态省建设措施以及黄河流域生态保护行动为山东省城市生态软实力建设提供了源源不断的动力。

表 8 - 1　　　黄河流域各省份 2021 年城市生态软实力得分值

省份	陕西省	山东省	宁夏回族自治区	甘肃省	四川省	内蒙古自治区	河南省	山西省
2021	0.279	0.273	0.269	0.268	0.261	0.246	0.243	0.24

8.2　山东省城市生态软实力持续提升

近年来，山东省城市生态软实力整体向好，稳步提升（见图 8 - 1）。从变化趋势上来看，2011 ~ 2021 年九个省份城市生态软实力建设均呈现波动上升态势，说明黄河流域城市生态软实力建设取得了一定的基础成果，其中，山东省在考察期内由 0.2158 上升到 0.2730，上升了约 26.5%，增长速度较快。山东省在生态建设方面不断完善政策制度，包括提出的《山东省生态环境保护"十三五"规划》，明确了生态建设的基本原则与规划目标，致力于治理环境污染，改善环境质量，使得环境经济政策体系更加健全，生态建设积累了一定经验，同时环保市场潜力得到更加充分地释放。社会生态建设的推进激发了居民的环保责任感，投身环保实践，长期积累下来，使得城市生态软实力发展水平整体向好，持续提升。

此外，我们注意到 2019 ~ 2020 年山东省城市生态软实力得分略有下降，这主要是受疫情影响，社会经济整体发展滞缓导致。近年来，山东省一直致力于生态建设，环境修复，生态环境不断改善，人民福祉不断提高，但是由于城市生态软实力标准尚不明确，建设路径尚不成熟，导致在实践过程中缺乏指导标准，缺少经验指导，仍处在探索阶段，极易受到外界影响和社会经济活动的冲击，如气候变化、经济波动、政策变动等，这些都可能对生态建设产生不利影响，所以城市生态软实力建设需要提高抗外界干扰能力。

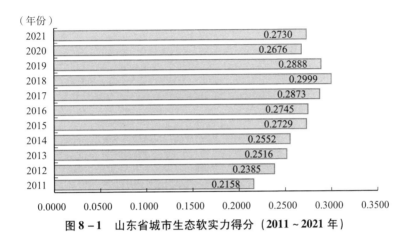

图 8-1　山东省城市生态软实力得分（2011～2021 年）

8.3　较优的生态形象和较好的生态文化是优势

营造宜居、舒适、安全的人居环境，改善大气质量，提高对城市生态的关注度是推进城市生态软实力发展的关键。图 8-2 结果显示，从山东省城市生态软实力建设的分维度来看，生态形象位居第一，并且呈现逐年上升的趋势，2021 年得分达到 0.15，明显地高于其他指标，说明以生态环境为基础构建的城市生态形象在很大程度上将改善城市生态风貌，加快城市自身问题解决，同时在一定程度上推动城市转型发展，良好的生态形象同时可以提升城市的知名度，吸引人才要素流入，从而有利于城市生态软实力的建设。另外，生态文化在各维度中位居第二，在 2018～2020 年出现了短暂的下降，2021 年又呈现上升趋势，与城市生态软实力变化具有一致性，说明社会环保意识的提高，有利于城市生态软实力的构建。山东省位于黄河流域下游地区，生态形象和生态文化的构建是提高居民生活幸福感，强化生态环保理念的重要环节，同时是推动山东省城市生态软实力建设的重要基础。而生态活力和生态制度在城市生态软实力建设中处于较低位置，生态制度得分最高为 0.024，生态活力得分最高为 0.058，且发展较为平稳，但是仍不可忽视。与其他省相比，山东省缺乏优良的自然生境条件，主要依靠后期生态建设来助推城市生态形象构建，因此完善的城市生态制度建设，包括资金和人员投入是城市生态软实力建设的保障。而生态活力，即发挥生态效益更是城市生态软实力构建的推动力。

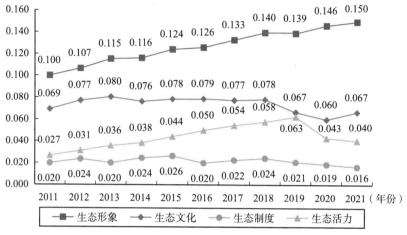

图 8 - 2　山东省城市生态软实力分维度得分（2011~2021 年）

8.4　以济南、淄博和沿海城市为引领带动全省城市生态软实力提升

　　根据城市生态软实力综合评价得分，将山东省 16 市城市生态软实力分为建设起步区、建设发展区和建设成熟区（见图 8 - 3），可以看出，以济南和沿海城市为引领带动全省城市生态软实力的提高。根据自然断点法，将济南市城市生态软实力发展分为三个阶段：建设起步区、建设发展区和建设成熟区。具体定义如表 8 - 2 所示。从山东省整体来看，2011 年，滨州处于城市生态软实力建设起步区，其他地市为城市生态软实力建设发展区，到 2021 年，全省都已经进入发展阶段，并且有 5 个地市已经进入成熟阶段。从城市角度来看，在考察期 2011~2021 年，省会城市以及沿海发达地区，包括济南、淄博、青岛、烟台、威海，城市生态软实力建设由发展区演变为成熟区；而中西部地区，除滨州外，城市生态软实力发展较为稳定，一直位于发

展区。从区域角度来看，自西向东大体呈"低—高—低—高"的分布格局，城市生态软实力发展水平高低不一，发展较好区域分布于鲁东地区，而其他地区则一直较为稳定。经济相对发达的地区特别是省会城市和沿海地区，城市生态软实力发展呈现提升趋势，其中，沿海地区的青岛、烟台和威海，地理位置优越，经济具备发展基础，并且较早地实现了经济发展方式的转型，城市生态软实力建设基础较好，并且依托于国家级山东半岛蓝色经济区发展战略，海洋产业加速发展，带动沿海城市现代海洋经济的发展，不断提升社会经济发展质量，同时带动了高效生态产业的发展，助推了城市生态软实力。省会城市济南近几年，依托"山泉湖河城"的独特禀赋，积极统筹协调山水林田湖草沙生态要素，进行一系列的生态保护工作，包括河段生态修复、打造黄河下游生态廊道、综合整治滩区环境等，以黄河为纽带，串联各发展板块，提升了城市生态软实力。而作为一些老工业城市也在生态建设中不断做出新的努力与探索，如淄博，人人争做低碳的践行者和宣传员，将低碳行动全员化和常态化，全行业、全链条、全领域、全社会共同进行生态保护，进行产业结构纵深调整，推动高新技术产业的发展，提高了城市的生态品质，使淄博从城市生态软实力发展区进入城市生态软实力发展成熟区。西部内陆地区早期主要依靠当地丰富的资源进行工业和农业的发展。这些地区通常投入较小且污染程度也相对较低。随着传统工业的不断扩张导致环境污染问题日益严重，城市生态软实力发展较为滞后。

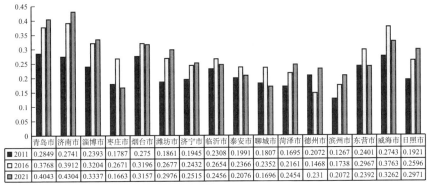

	青岛市	济南市	淄博市	枣庄市	烟台市	潍坊市	济宁市	临沂市	泰安市	聊城市	菏泽市	德州市	滨州市	东营市	威海市	日照市
2011	0.2849	0.2741	0.2393	0.1787	0.275	0.1861	0.1945	0.2308	0.1991	0.1807	0.1695	0.2072	0.1267	0.2401	0.2743	0.1921
2016	0.3768	0.3912	0.3204	0.2671	0.3196	0.2677	0.2432	0.2654	0.2366	0.2352	0.2161	0.1468	0.1738	0.2967	0.3763	0.2596
2021	0.4043	0.4304	0.3337	0.1663	0.3157	0.2976	0.2515	0.2456	0.2076	0.1696	0.2454	0.231	0.2072	0.2392	0.3262	0.2971

图 8-3　山东省城市生态软实力空间分布

表 8 - 2 生态软实力发展阶段

生态软实力建设阶段	生态软实力得分
生态软实力建设起步区	0 ~ 0.15
生态软实力建设发展区	0.15 ~ 0.3
生态软实力建设成熟区	>0.3

第9章 山东省城市生态软实力发展存在的短板和弱项

虽然山东省在省级方面出台了一系列政策推动绿色低碳发展与城市生态软实力的建设，各地市也进行了大量的实践探索，但是在发展过程和驱动力方面尚存在一些短板和弱项。

9.1 城市生态环境管理体系不完善

在政策的指引下，生态环境部门积极推动城市生态环境建设工作，采取了实施区域生态质量评价与监测、打造生态示范区、培育环保荣誉城市、创建国家园林城市以及推进"无废城市"建设等行动。通过这些举措，城市生态建设工作得以从蓝图规划阶段逐步转向实质性的实践和执行，生态环境质量得到逐步改善。但城市生态环境管理还存在如下问题。

一是重环境轻生态。目前，生态环境管理工作的重心倾向于环境成分，着重对城市空气、水质、土壤等环境因子实施严格监控，相比之下，对生态要素的关注则显得不足。一方面，实践操作中的生态指标大多局限在植被覆盖率、生物种类多样性等领域，未能充分考虑景观的完整连贯性、生态系统的互联互通性及其提供的各项服务，表明在管理的深度和广度上尚存提升空间；另一方面，生态环境的修复与改善工作往往偏重污染物质的削减和城市绿地面积的增加，这种做法在某些地区可能诱发了只重表面、不重实质的形式主义倾向。例如"人工造景"和"大树进城"，削弱了生态环境修复的实际效果，没有形成以生态系统结构和优化为中心的综合治理方案。

二是城市内部结构分区需要重视。不同分区生态环境状况差异明显，这些差异可能体现在植被覆盖率、水质、空气质量、生物多样性等多个方面。例如，一些区域可能拥有丰富的植被和较高的生物多样性，而另一些区域则可能因为工业活动或密集的建筑群而生态环境较为脆弱。城市生态系统的结构复杂，存在空间差异，城市中不同区域的生态功能和需求是多样化的，需要综合考虑生态平衡、资源利用效率、环境承载力等因素。例如，城市中心区域可能需要更多的绿地和公园来改善空气质量和提供休闲空间，而郊区则可能需要保护农田和水域，以维持生态平衡和食物安全。因此，城市内部结构分区的规划和管理需要因地制宜，开展有针对性的措施。

三是城市生态风险管控亟需加强。一方面，关于城市生态风险的具体构成内容仍缺乏清晰界定，城市生态风险评估的理论基础亟待巩固，现有的评估框架、评价指标及方法体系均有待进一步优化与健全；另一方面，城市生态风险评估的成果与实际生态环境监管工作的对接不够顺畅，生态风险研究的产出尚未充分融入生态环境管理的实际目标设定中，决策层与各利益相关主体间对于保护目标的认识存在差异，缺乏统一而明确的共识。

四是城市生态监测能力不足。城市的生态观测仍然处于初步探索阶段，面临着一系列的挑战。首先，技术规范和标准的适用性不足。现有的生态监测技术规范和标准多针对自然生态系统，而城市生态系统具有其独特的特点，如高密度的建筑、复杂的交通网络、多样化的人类活动等，这使得现有的技术规范和标准在城市生态监测中难以完全适用，需要针对城市生态系统的特点制定更加合适的技术规范和标准。其次，监测技术有待更新。随着遥感技术、物联网技术、大数据分析等新的监测技术不断涌现，可以获得更全面、更精确的监测数据，有助于提高城市生态监测的效率和准确性。所以，在城市生态监测中，新技术需要进一步推广和应用。再者，监测与监管匹配度不够。监测数据的获取和分析是监管的基础，但目前监测数据与监管决策之间的匹配度还不够。一方面，监测数据的获取和分析需要一定的时间，而监管决策往往需要快速响应；另一方面，监管部门对于监测数据的解读和应用需要专业知识。最后，城市生态监测的质量控制体系还不够完善，存在数据采集、处理、存储等环节的漏洞。需要建立和完善质量控制体系，加强监测数据的审核和管理，确保数据的准确性和可靠性。

9.2　居民生态环境意识仍薄弱

一是环保学习意识不强。居民对环境、环保相关知识了解得少，对生态环保认识肤浅，对保护生态环境的重要性认识不足，缺乏深入的理解和认识，甚至在日常生活中忽视了环保行为的重要性。还有相当一部分人从未接受过任何形式的环保教育，这使得他们在面对环境问题时缺乏必要的知识储备和应对策略。例如，他们可能不了解垃圾分类的重要性，不知道如何节约用水用电，或者不清楚如何减少日常生活中的碳足迹。还有相当一部分人没接受过任何关于环保的教育。

二是环保法律意识淡薄。保护生态环境的意识没有上升到公民维权的自觉层面，许多居民没有将破坏生态和污染环境的行为与自己合法的生态环境享有权联系起来。这种淡薄的法律意识导致他们可能会放任和宽容破坏生态和污染环境的行为，公众对这些行为的舆论谴责也不够强烈。这反映出社会对于环保法律的宣传和教育还有很大的提升空间，需要通过法律教育和媒体宣传来增强公众的环保法律意识。

三是环保自律意识差。生态理念和环保意识没有固化到公民的道德世界中。一些人随地吐痰、随处扔烟头已习以为常，乱扔垃圾、乱扔杂物的现象依然存在。这从另一方面看出，尽管有环保方面的知识，但缺乏将这些知识转化为实际行动的意识和自律。环保行为的养成需要从个人做起，通过自我约束和自我管理，形成良好的环保习惯。

四是环保宣传意识不强。公民在生态环境保护中较大地依赖政府，认为环保是政府的责任，而忽视了个人在环保中的作用。环保参与意识不强，一般人不主动自觉地参与其中，缺乏主动性和积极性。这表明需要加强环保宣传，提高公众对于生态与环境保护重要性的认识，积极引导公众积极参与到环保活动中来。

居民生态环境意识薄弱的原因多种多样，包括但不限于教育水平、文化背景、经济利益和社会价值观等因素的影响。为了提高居民的生态环境意识，需要从多个层面入手，让居民在实践中增强环保意识。只有当居民的生态环境意识得到普遍提升，我们才能期待一个更加绿色、可持续的未来。这需要政府、企业和每一个居民的共同努力，共同构建一个和谐的人与自然共生的社会。

9.3 生态活力尚未充分释放

生态活力是山东省城市生态软实力建设的动力机制。生态活力无论是从排名中，还是得分上都较低。生态活力释放方式多种多样，最直接有效的渠道是通过生态资源发展旅游经济。山东省作为沿黄九省（区）之一，有着独特的山东段旅游资源，但现阶段旅游业与生态的融合度不高，尤其是在矿业、工业以及生态方面，未能以生态为中心，并且在旅游的开发过程中忽略了对生态资源的保护，主要体现为对旅游资源的粗放式开发损害了生态的可持续发展，因此难以通过生态活力的释放提高成生态软实力建设。

一是生态旅游资源开发程度不高，缺乏应有的开发水平和深度。山东省拥有丰富的生态旅游资源，包括美丽的海岸线、丰富的湿地生态以及多样的动植物种类。然而，目前的开发主要集中在表层的自然资源利用上，如海水浴场、沙滩日光浴等，而对海洋岛屿、海洋动植物等深层次资源的开发则相对欠缺。在景区资源的开发上，山东省存在一定程度的同质化现象。许多景区推出的民族文化村寨项目在设计和内容上缺乏创新，导致游客体验重复，难以形成长久吸引力。这种开发模式往往忽视了生态旅游的可持续发展要求，导致游客活动对自然环境造成压力，如沙滩和海洋生态系统因游客过度集中而受到破坏。缺乏高品位的海水娱乐项目，使得游客体验单一，无法充分利用和展示山东省的海洋生态特色，也难以满足游客多样化的旅游需求。

二是生态旅游资源的不可持续开发和利用。生态旅游的核心目标之一即为环境保护，其公益属性显著，然而，社会对这一属性的忽视导致山东省生态旅游资源面临严峻挑战。当前，在生态旅游资源开发过程中，应当秉持科学、合理的原则，保护自然生态环境，促进经济社会高质量发展。然而，遗憾的是，部分地区在生态旅游资源的开发上过于激进，超越了环境的承载能力。海滨地区由于过度开发，沙滩质量下降、水质污染等问题日益严重；山区和湖泊地区的无序建设、乱砍滥伐行为也导致自然生态环境遭受破坏。以鲁南和鲁西南地区的临沂、枣庄、济宁、泰安等地为例，这些地方原本拥有丰富的森林资源，但过去的过度砍伐导致森林面积锐减，生态环境恶化。在生态旅游开发中，一些开发者过于追求经济利益，忽视了对环境的负面影响，如过度开发导致的资源失衡和污染问题。因此，在开发生态旅游资源时，必须进行科学的规划和论证，避免盲目跟风、重复建设。特别是在开发民族文化村等旅游项目时，必须充分考虑当地的文化特色和历史背景，确保项目的独特性和创新性，避免对当地文化和传统造成负面影响。只有这样，才能实现生态旅游的可持续发展，同时保护珍贵的自然和文化遗产。

三是市场的培育和管理不科学。生态资源的不当管理往往导致过度开采和浪费，而开发者对生态资源的过度商业化和人工化建设同样对其健康发展构成威胁。生态旅游区域的管理需要林业、水利、旅游等多个政府部门协同合作，然而，职能界限的模糊往往导致政府在生态旅游发展上的管理失序。一些政府部门在生态旅游区内不仅开发旅游项目，还涉及矿产资源开采、水利设施建设等城市发展规划。这种对生态旅游区最大限度的开发利用，无疑会给其环境带来严重冲击。面对这种情况，旅游主管部门往往因权力限制而难以进行有效的干预和制止。为了确保生态旅游的可持续发展，亟须明确各部门的职责，并强化它们之间的沟通与协作。同时，应当建立完善的监督机制，对生态旅游区的开发和利用进行严格把关，以防止对生态环境造成不可逆的损害。

四是旅游产业人员总体教育水平低，专业化程度低。在当前的旅游活动中，主要存在两大问题。首先，从业人员在提供精神服务方面显得力不从心，难以根据游客需求提供个性化且高质量的服务，使得游客难以获得高品位的旅游体验。其次，由于从业人员缺乏必要的生态知识，他们在引导游客尊重并保护当地生态环境、控制游客对环境的破坏方面显得捉襟见肘。这两个问题不仅影响了游客的满意度，也对生态旅游的可持续发展构成了挑战。

五是生态保护观念低。从地方政府层面分析，旅游业的发展常偏重开发而轻忽了保护，过于追求经济效益，并将经济收入和游客接待量作为衡量成功的唯一标准，盲目扩大旅游人数和建筑规模。同时，地方政府在发展过程中盲目增加机动车辆，导致环境污染加剧，忽略了生态旅游对自然环境和生态平衡的核心要求。从经营管理者的视角来看，他们往往采取掠夺性和粗放式的资源开发方式，以追求个人利益最大化为目标，导致许多不可再生资源遭受损害。而从游客的角度分析，游客的行为习惯也对生态平衡造成了不小的冲击，包括乱丢垃圾、随意采摘植物、在景区内乱涂乱画等，这些行为均对生态环境造成了破坏。

9.4 产业生态化、生态产业化存在较大空间

一是产业生态化。山东作为工业强省，近年在产业结构转型中取得了阶段性进展，但仍面临传统产业改造与新兴产业崛起并行的挑战。其产业结构显示，第三产业发展不足，农业仍占较大比重，工业结构亟待优化。从地域分布来看，东部已进入工业化中期，而西部尚处于工业化初期阶段。在第二产业内部，高能耗行业比重偏高。山东省的能源消费结构也反映了其产业结构的特点。根据《山东省统计年鉴》的数据，2022 年山东省能源消费总量达到 48166.9 万吨标煤，其中煤炭、石油、天然气和清洁能源的占比分别为 57.67%、20.68%、4.91% 和 7.75%。对比 2017～2022 年的数据，煤炭消费占比虽有所减少，但与世界及全国平均水平相比，仍显偏高。全球范围内，煤炭、石油、天然气和清洁能源的平均消费占比分别为 27.2%、31.2%、24.7% 和 16.9%，而国内各省份的平均占比为 56.8%、18.9%、8.4% 和 15.9%。由此可见，山东省的煤炭消费占比远超世界平均水平，略高于全国水平，凸显了其能源结构优化的紧迫性。不过山东省在清洁能源领域仍有巨大的发展潜力。风能、太阳能、水能、核能等非化石能源尚未得到充分开发，这为山东省能源结构的绿色转型提供了可能。

二是生态产业化存在挑战。首先，产业规模尚显不足。作为拥有强大工业基础与经济实力的省份，面临着庞大的环境保护需求。然而，当前山东省生态环保产业的产值仅在全国范围内居于中上水平，未能充分将广阔的环保市场需求转变为推动该产业壮大发展的战略机遇与稳固基石，这与山东省经济强省及生态保护重任的地位不够匹配。其次，特色产业链与集群发展滞后。特色产业链与集群是产业高质量增长的关键标志。目前，山东省生态环保产业集群、基地及产业园区的数量不仅稀少，而且普遍规模偏小、产值低下，资源整合作用较弱，集群的引领与

带动效应远未充分发挥。集群内部企业间同质竞争激烈，专业化分工合作水平不高，上下游产业链协同与技术协作创新的生态系统尚未成熟，产业链条的优化升级迫在眉睫，核心技术和高附加值产品匮乏，规模效益和品牌影响力尚待增强。再次，科技创新能力在企业层面显得薄弱。企业在扩大再生产和科研投入上的积极性不足，加之人才队伍建设不力，核心竞争力薄弱。此外，市场导向下的供需对接平台、技术评估与咨询服务等资源稀缺，导致环保需求与治理技术匹配度不高。生态环保领域的技术创新、成果转化及应用推广环节需要强化，创新驱动与科技引领的效用尚不明显，亟待攻克一系列共性关键技术。最后，产业发展的推动机制与配套能力尚需强化。鉴于生态环保产业的公益性质、高投入、长回报周期及低收益率特点，需要政府的强有力推动和社会的广泛参与。当前，山东省生态环保产业的推动机制尚待优化，政策扶持与服务保障体系的建设亟须加强，特别是缺少服务于该产业的技术咨询、人才管理、金融服务、产业研究等专业服务机构，这些均是支撑生态环保产业发展的关键环节。

147

第 10 章　山东省城市生态软实力发展展望及对策建议

当前山东省城市生态软实力建设已经取得了明显的建设成果。山东省城市生态已经有了极大改善，但是也要清楚地认识到城市生态软实力建设中还存在一定问题，比如生态软实力建设还不稳固，生态脆弱、生态治理存在困难等一系列的问题，而且居民的生态文明意识亟待增强。因此要继续把生态文明建设和环境保护作为一项底线性、基础性的重大政治任务，依据党中央的政策支持，发挥地区优势，归纳总结建设中存在的问题，为后续生态软实力建设提供理论指导。具体为山东省城市生态软实力建设提供以下对策建议。

10.1　突出生态导向，完善城市生态软实力管理体系

一是构建生态导向的城市生态软实力管理体系。确立生态导向的发展理念，将生态保护和可持续发展作为城市规划和管理的核心，这要求城市管理者具备生态学、环境科学等相关领域的知识，能够科学地进行决策。围绕着生态系统的结构优化和功能不断提升，构建能够与城市生态系统特征以及各地发展基础相匹配的城市生态软实力评价体系。山东省应以黄河入海口生态景观为源头，利用黄河入海口的独特生态地位，将其作为生态建设的起点，打造连贯的生态廊道网络，将城市中的公园、绿地、河流、湖泊等生态节点连接起来，形成城市生态网络的骨架，增强其生态软实力。此外，政府需要出台相应的政策和法规，为生态建设提供支持和保障，确保生态导向的管理体系能够得到有效实施。

二是各市级行政区域正实施城市分区的差异化治理策略。旨在促进山东省城市生态软实力的协同提升，对各个城市的环境功能区布局进行优化与调整。根据不同区域的特点，建立生态环境准入标准体系，详细规定空间布局的限制条件、污染物排放的管理控制、环境风险的防范措施及资源使用的效率标准。根据各地市的发展水平和生态环境状况，制定差异化的管控策略，确保每个城市分区都能在保护生态环境的同时实现可持续发展。在全省范围内，为实现国土空间的科学管理和环境保护，我们将国土空间划分为三类环境管控单元，分别是：首要保护区、关键监管区和一般调控区。这样的划分旨在确保各类区域得到合理的资源分配和环境保护措施。重点管控单元着重提升资源利用效率和加强污染物排放控制；一般管控单元则执行生态环境保护的基本要求。

三是强化城市生态风险管理体系。充分认识城市生态基础以及社会经济基础的差异，合理进行生态建造，并且强化城市生态风险管控水平。山东省各地级市依据其区域和城市类型为了提升城市生态软实力的韧性，构建了一套全面的城市生态软实力风险评估技术框架。此框架围绕风险的来源与承受对象双重视角设计，并从管理控制、调节优化及策略决策三个战略层面明确风险管理的精确目标。技术实施上，融合遥感监测、定点观测、现场取样、实验地块分析等多种科学方法，对不同区域城市生态软实力的发展状况进行精密监测，旨在强化城市生态软实力的适应与恢复能力。

10.2 建设城市生态软实力，政府、企业、公众必须合力

首先，山东省政府必须尽快制定相关政策法规，科学设定城市生态软实力评价指标，结合城市的基础条件、资源状况以及产业发展，针对城市的各类构筑物、公共设施及居住园区等，综合规划与整体设计方案必须充分反映城市多功能需求，并致力于增强城市生态软实力。在市区，规划应侧重增进居民福利，借助城市公园、生态广场景观、绿化步行道等，普及生态福祉，平衡分配，丰富城市的生态面貌与文化内涵；而在郊区，则应侧重生态保护与绿色产业发展，通过维护和恢复适度规

模、合理分布的自然林地、草原及湿地生态系统，稳固城市的生态安全屏障，为城市生态软实力构筑坚实的支撑基础。

其次，引导企业承担相应的社会责任，依据城市生态软实力设定标准，调整产业结构。一方面，企业通过精细化管理、节能技术和材料创新等技术创新，减少污染排放与生态破坏程度。另一方面，企业提供绿色产品满足市场需求。现如今，越来越多的消费者关注环保和可持续性问题，他们更愿意购买那些对环境影响较小的产品。企业可以通过提供绿色认证的产品，满足这一不断增长的市场需求，获得更多的消费者认可。有助于企业拓展市场份额，提高销售额，并增强品牌声誉。通过提供绿色产品，企业促进了可持续生产和消费，减少了废物的产生，降低了环境污染。这有助于提高城市生态资源的有效利用率，减轻了环境负担，增加了生态系统的稳定性，进一步提升了城市的生态软实力。

最后，为构建绿色宜居的社会环境，倡导积极健康的生活方式，媒体宣传部门需强化其角色，加大对公众环境保护意识的引导力度。应充分利用包括广播、电视、纸质出版物及互联网在内的多元化媒体平台，广泛开展环境保护教育宣传活动，提升公众认知。同时完善教育体系，培养孩子们热爱环境、自觉保护生态环境的意识。

10.3 创新开放、释放生态活力

一是优化资源配置，建立健全旅游产业要素体系，并根据各地具体资源条件，完善景观、步道、民宿、商铺、餐饮等基础设施，赋予其生态内涵。充分利用好黄河资源与泉水资源，建设更多"亲水"的设施与场所，将散落各地的生态资源连成线，布局特色美食、特色场景的业态设施，进一步吸引客流，集聚人气，打造独一无二的黄河入海口生态文化特色地区。在推进旅游业发展的进程中，坚守生态旅游的理念，并基于资源环境的承载能力来科学设定旅游业的发展速度及规模。培育和发展高品质的精品旅游产业，力促旅游业的多元化、全域化及国际化发展，从而为区域经济注入新的增长动力。

二是实现旅游产品差异化。首先是类型差异化，依据各地的自然资源和文化背景，深入挖掘当地的文化、历史和自然遗产等独特资源，制订独具特色的生态旅游发展计划。例如，沿海地带可以专注于海滨旅游的发展，山区则可以专注于山地旅游的推广，而平原地区则可以专注于农业旅游的拓展。其次是活动内容差异化，创新旅游产品和服务，通过引入创意农业、休闲度假、民宿经济等新兴业态，丰富生态旅游的内涵和表现形式，满足游客多样化的需求。例如，可以开发教育旅游、健康养老等创新产品，吸引更多游客参与体验。培育具有特色的高品质民宿品牌，打造乡村节日活动品牌，推出一系列乡村特色商品；实施乡村旅游服务质量提升计划。最后是文创产品差异化，打造独具特色的民俗文化和特色产品，创新文化创意产品。重点强调山东省本土的民俗文化精髓，深入探索最具代表性和独特性的文化元素。在保留本土民俗文化传统的基础上，创新设计纪念品。结合现代设计理念，对乡村生态旅游纪念品进行创新设计，以增强游客对山东省生态旅游的积极印象。

三是不断完善健全生态旅游市场管理体制。首先，强化区域间的协同发展，并促进生态旅游资源生态价值的实现与有效转化。首要任务是夯实基础，避免生态环境进一步恶化，通过污染治理释放环境容量，为未来发展预留空间。随后，应加强对生态产品质量的监管与维护，借助人力资本的投入提升生态产品的价值，提升生态旅游景区的整体规划与协调能力，增强生态价值转化能力和生态旅游产品的市场营销能力，从而推动生态资源价值的转化。其次，政府及旅游部门应加强对乡村旅游从业人员的培训与管理，聘请专家对经营者进行指导，引导其学习先进的旅游管理运营模式。此外，提高村民的文化素养和旅游知识素养，增强他们的就业技能，以吸引更多群体参与乡村发展。最后加强本地居民的综合素养培养，强化村民的上岗训练，为乡村旅游的长期发展奠定坚实基础。

四是将数字技术赋能绿色发展。以创新驱动为核心，山东省应聚焦于绿色技术革新，优化绿色技术创新的体制机制，充分释放科技潜力，以推动生态软实力的提升。当前，山东省面临绿色创新能力不足、创新成果转化效率不高等问题。为此，应凸显绿色发展理念的重要性，创新生态保护机制，实现自然资源的合理利用，并有效控制有害废料的排放。企业应积极构建环境友好型、资源循环利用型的生产体系，同时，应着力培养绿色技术创新人才，为绿色技术创新理论体系的持续完善提供不竭动力，进而促进科技活力的全面释放，助力城市生态软实力的持续增强。山东省应坚持可持续发展和科学的发展理念，一方面，通过提升环境质量、强化环境安全保障、增强环保服务能力，推进生态文明建设，为区域经济和旅游业的发展提供坚实的环境保障；另一方面，通过实施"工业绿色转型"计划、绿色采购策略等措施，推动生产生活方式绿色低碳化，从而引导区域经济和旅游业的绿色发展。

10.4　产业生态化、生态产业化

一是推进产业生态化。推进山东省产业生态化是实现可持续发展的重要举措。首要的是要充分发挥市场机制的效能，倡导要素的合理配置流动，并构建一个联合招商、协同开发和共享利益的产业合作机制，以此塑造一个错落有致、协同互补的产业生态系统。接下来，优化区域产业空间布局成为关键步骤。需要全面考虑城市的产业定位及发展方向，编制区域产业发展的指导目录，旨在提升产业的规模化、特色化和集群化程度，推动产业升级转型。在追求高质量产业发展的路径上，山东省明确表示将对济南等地的特色产业集群给予重点扶持。具体而言，济南将聚力于大数据与新一代信息技术、智能制造与高端设备、精品钢材与先进材料、生物医药与大健康产业，同时孵化人工智能、超级计算、集成电路等高端技术产业。淄博则侧重于新型功能材料、化学新药与高端医疗设备、氢能的开发利用等产业集群。泰安致力于建材新材料、健康养老、高端旅游等产业的培育。聊城重点关注新能源汽车、铜铝新材料、高端化工产业。德州强调发展康养体育、新能源与环保节能、现代农业等产业集群。滨州则着重发展轻量化铝新材料设备制造、精细化工新材料、高端纺织家纺服装产业集群。东营则致力于壮大高端石化、石油装备、现代农业等产业群。通过诸如山东重工绿色智能制造产业城、泰山汽车智能制造产业基地等重大项目的依托，山东省旨在吸引国内外汽车零部件配套企业，进而形成一个完整的新能源汽车产业链生态系统。此外，山东还将深化科技交流合作，培育产业开放创新环境。通过发挥国际科技合作基地、"一带一路"联合实验室等平台的作用，促进新技术、新模式和成套技术产品的国际推广应用。根据《科技创新引领标志性产业链高质量发展实施方案（2024—2027 年）》，到 2027 年，计划建设省级"一带一路"联合实验室 20 家，并争取建立国家"一带一路"联合实验室 5 家左右。

二是推进生态产业化。完善生态环保产业的推动机制，强化政策扶持体系，明确实施推进策略，促进供需两侧有效对接，加速挖掘并释放市场需求潜能。强化政府的引导职能与行业的自我约束能力，强化市场监管力度，以确保生态环保产业的健康发展和快速增长。充分发挥市场在资源配置中的决定性作用，坚持以市场需求为牵引，鼓励科技创新，推动绿色金融的发展，充分激活各种市场参与者的活力与动力。突出龙头骨干企业在行业中的引领地位，实行百强企业培育计划，整合市场资源、强化关键要素供给，致力于培育技术领先、市场竞争力强劲、经济效益优异的领军企业。加速推进产业的集聚化进程，实施产业链补强延伸策略，重点打造生态环保产业集群、特色产业基地和产业园区，培育并扩大优势产业链条，持续提升整个行业的竞争力。加快科技创新体系机制改革步伐，构建以企业为主导的绿色技术创新生态系统，紧贴市场需求，聚焦水、气、土壤、海洋、固体废物（危险废物）、碳排放等关键领域，集中力量突破新技术新装备，推动科技成果的转化应用，加快智慧环保的发展步伐，完善包含政府、产业、学术、研发、金融、服务、用户在内的科技创新链条，形成大量拥有独立知识产权的技术成果和知名品牌产品，构建山东省生态环保产业的独特竞争优势，打造生态环境科技的创新高地。基于现有生态环保产业基础，采取分类指导、特色发展战略，巩固并提升优势领域，全面提高资源利用效率，增强生态产品供应能力，持续提升清洁生产标准。确保产业服务全局，紧密围绕山东省生态文明建设与环境保护的中心任务，以助力减排增效和绿色发展为重要导向，充分发挥生态环保产业在改善环境质量、弥补生态短板及提供高品质生态产品方面的关键作用。

10.5　强化生态环境共保联治

一是强化生态保护与修复。在强化生态保护方面，应重点加强特定区域的管控措施。具体而言，将那些具有重要生态功能区，生态环境极度敏感且脆弱的区域纳入生态保护红线的范畴，以确保这些区域得到充分的保护。同时，推动跨市域生态保护红线的有效衔接，促进红线边界的明确界定与落实，从而构建一个更为系统、完善的生态保护网络。为加强生态红线管理，需优化监控、评估及考核机制，推动跨部门生态保护红线联合执法行动，严格执行生态保护红线的界限与规定。此外，为建立更高效、系统的自然保护架构，整合并优化现存各类自然保护区域至关重要。将黄河口国家公园作为核心，以其丰富的生态资源引领，以自然保护区为坚实的基础，辅以多样化的自然公园作为补充，从而形成一个全面覆盖、互为补充的自然保护地网络。同时，要着重打造山水林田湖草沙等多元生态要素和谐共生的生命共同体，确保生态系统的稳定与繁荣。优化林长责任制，实施人工植树造林、山林封闭育林及飞机播种造林等措施，致力于水源涵养林与水土保持林的建设，以增加森林覆盖面，同时大力推进荒漠化治理与水土流失的综合性防治工作。在矿山生态修复方面，采纳农业恢复、生态重建及产业转型等策略，积极开展地质环境修复工作。另外，加强湖长制度的完善，致力于提升湖泊水质与生态环境，加速推进包括东平湖、雪野湖、玫瑰湖、白云湖、马踏湖及东昌湖在内的多个湖泊绿色生态防护带的构建。

二是深化环境污染防治。为确保京津冀及周边地区空气质量持续改善，应全面落实大气污染联防联控机制。实施空气质量综合提升计划，构建包括信息共享、数据互通、联合监测监管、协同执法以及应急响应在内的协作机制，以增强大气污染防治的联合防控能力。同时，逐步提升空气质量，减少重污染天气的发生。在科学治理方面，实施PM2.5和臭氧的协同控制措施，推进氮氧化物与挥发性有机物的综合治理，以达成空气质量持续向好的目标。为优化区域能源结构，需强化能源与煤炭消费总量的双重控制，推行清洁能源替代煤炭，提高清洁能源利用率，从而增加区域清洁能源在终端能源消费中的占比。与此同时，针对水体污染问题，需着手进行入河（湖泊）排污口的源头追溯与整治活动，全面涵盖固定污染源、生活污染源、农业面源污染及移动污染源的综合治理。在应对工业水污染方面，需优化城市污水处理设施及其配套排水网络，深化城市雨污分离改造工程，以确保根除城市黑臭水体现象，全面提升水体环境质量。此外，应加强城市河流湖泊的综合管理和水系连通性，提升主要河流的水质标准。

针对地下水过度开采及海水倒灌等重点区域，需实施综合管理策略，保护地下水资源免受侵害。在黄河流域下游，推进生态与水体的综合改善工程，强化湖泊、湿地等水体的污染防治工作。在土壤污染治理方面，执行防治行动计划，加强建设用地的环境准入监管，展开土壤污染状况的全面调查。同时，加强受污染土地的风险控制，稳步推动受污染土地的治理与生态修复工作。针对居住区、学校、医疗机构及养老设施用地，强化土壤环境风险的管理，对周边潜在的重污染行业企业实施严格管控。另外，加大对重金属污染的排查力度与治理，促进涉及重金属污染企业向工业园区集中迁移。

三是强化生态环境监管协同推进。为确保自然资源的合理利用与保护，需坚持源头预防、过程监管、后果严惩的基本原则。在此基础上，应进一步完善土地、水资源、矿产资源及森林等自然资源的市场化有偿使用机制。建立污染联防联治机制。优化环境保护联合会议制度，集合并优化资源、环境与生态监测能力，建立健全跨界污染冲突调解、环境监测设施与应急资源的共享机制，以确保环境监管执法的全面覆盖，联手遏制跨界环境违法活动。共同构建跨界区域环境保护合作机制，强化环保信用评估体系与信息强制公开制度。针对在市界周边 5 千米内拟新建、扩建或改造的、对环境影响显著且环境风险较高的项目，必须在其环境影响报告书的评审或审批阶段，预先征询相邻市的意见。协同制定高能耗行业控制标准，明确区域重点污染物减排目标。严格执行生态保护职责清单，完善自然资源损害责任追究机制。

四是完善区域生态补偿机制。以绿色发展为导向，实行激励与约束并重的政策，针对森林、湿地、水资源等重点领域，为促进区域生态保护协调发展，应实施差异化的生态补偿策略。推动开发区域与保护区域以及生态受益区域与生态保护区域之间，构建横向的生态补偿机制，以实现生态服务价值的合理流动与补偿。系统性地构建和完善自然保护区、关键生态功能区域及主要流域水体保护的生态补偿机制，旨在增强生态保护工作的系统性与实效性。聚焦大泰山区域的保护与发展，对环绕泰山周边的林业资源隐含价值进行评估，尝试创立森林生态银行模式，以促进森林资源的长期可持续利用。基于生态产品的生产能力，制定生态产品目录与清单，推进生态产品价值的量化核算工作，构建生态产品价值评估与应用系统，为生态产品价值的实现奠定坚实的科学基础。鼓励支持东营等地先行探索生态产品价值实现机制的试点，创建黄河三角洲生态产品价值实现的综合改革示范区，先行实践生态产品市场流通、生态产业增值路径等，探寻生态产品价值有效转化的创新道路。

第 3 篇　济南市生态软实力研究

第11章 评价说明

11.1 评价背景与意义

济南是山东省省会、全国十五个副省级城市之一，是山东省政治、文化、教育中心，山东半岛城市群和济南都市圈核心城市。济南北连首都经济圈、南接长三角经济圈，东西连通山东半岛与华中地区，是环渤海经济区和京沪经济轴上的重要交会点，环渤海地区和黄河中下游地区中心城市。

济南南依泰山，北跨黄河，自然资源得天独厚，城外山水环绕，城内名泉遍布，山泉湖河城浑然一体，素有"四面荷花三面柳，一城山色半城湖"的美誉。济南历史文化源远流长，齐鲁文化、龙山文化、二安文化、泉水文化、黄河文化、红色文化等多元文化交融，城市文脉绵长，是中国历史文化名城。"仁爱诚信、善良包容"的文化特质和"百脉汇流、善者善城"的人文气象，共同塑造了济南的"文化名城气质"，与这座城市积极进取、勇于开拓的创新精神一起，凝聚形成了丰富多彩、独具魅力的城市软实力。

2021年国务院印发的《黄河流域生态保护和高质量发展规划纲要》提出，作为黄河中下游经济发达地区和入海口省份，山东在全流域有着举足轻重的地位。作为黄河流域唯一沿海省份山东省的省会城市，济南市成为黄河流域生态保护和高质量发展国家战略中的关键节点，纲要中4次提到了济南，济南新旧动能转换起步区更是成为黄河流域唯一支持建设的国家新区。

近年来，济南市将积极推进生态保护的成就和制度创新效应提升到软实力的高度，对于进一步凝聚理论和实践共识、更有针对性地引导各地区把绿色转型发展转化为自觉行动、加快探索生态赋能城市高质量发展的创新路径，以及更好缓解黄河流域所面临的水资源短缺、生态脆弱、洪水威胁、高质量发展不充分、民生发展不足等重大共性矛盾，具有鲜明的现实意义和时代价值。

本研究结合国家重大区域战略的实施需求，开展济南市生态软实力的综合评价、问题识别与对策建议研究，全面反映了近十几年来济南市生态软实力的阶段性成就，分析了目前存在的短板和弱项，并对未来的发展进行了展望。一方面，有助于以生态软实力提升为导向，引导济南市乃至全国其他类似城市建立新的政策目标，进一步增强各地区生态文明建设的自觉性，推动国家战略的落实落地；另一方面，以生态软实力量化评价所反映出的各维度问题，针对性提出具有前瞻性和可操作性的措施建议，对于完善相关政策和指导各地区规划建设，也具有参考借鉴价值。

11.2 概念界定

软实力是相对于硬实力的一种能力，指以经济科技等硬实力为支撑，通过价值观、文化、制度、政策、治理等方式，将软性优势发挥出来的一种没有具体形式的影响力。作为城市软实力的重要方面，城市生态软实力的内涵是指城市在竞争环境下，以生态资源作为先导的非物质要素所形成的城市生态建设和价值转化能力。城市生态软实力外延体现为生态治理成效。

城市生态软实力的内涵具体体现在城市生态形象、城市生态文化、城市生态制度、城市生态活力四个维度。一是城市生态形象彰显城市吸引力。城市生态形象是城市对内、对外展示生态文明建设水平的剪影，是城市生态治理成效和生态硬实力的直接体现，更是城市生态软实力建设的基础支撑。二是城市生态文化彰显城市影响力。城市生态文化是城市文明的重要组成。城市在自身的发展过程中，由于地理特征、资源禀赋条件的差异，在这种情形下形成了不同的价值观、行为习惯与文化素养。这种城市生态文化展现了城市社会各方面力量对生态文明建设的认同。三是城市生态制度彰显城市保障力。城市生态制度是生态文明建设和生态软实力建设中的不可缺少的环节。城市生态制度是政府进行生态软实力建设的行为和意识表现。四是城市生态活力彰显城市创造力。城市生态活力指依托城市生态资源创造新的价值的能力和动态成长性，城市生态活力是城市生态软实力建设所带来生态效益的体现。

11.3　济南市城市生态软实力建设的实践

11.3.1　抢抓黄河机遇，弘扬黄河文化

济南积极抢抓黄河流域生态保护和高质量发展重大国家战略机遇，立足区位优势和独特的资源禀赋，牢固树立"绿水青山就是金山银山"理念，统筹推进生态文明建设和城市生态软实力提升。

聚焦 183 公里黄河济南段，济南市编制《济南黄河生态风貌带规划》。全面对接《黄河流域生态保护和高质量发展规划纲要》总体要求，提出以黄河安澜为首位，坚持"四水四定"，坚持"保护"和"修复"，坚持左右岸统筹、突出重点、适当留白的发展原则，从黄河安澜、生态保护与修复、文化旅游、道路交通、建设美丽宜居乡村五个方面统筹黄河生态风貌带的保护与发展。

济南市编制实施《济南市黄河文化保护传承弘扬规划》，开展"黄河文化名城打造行动"，从文化遗产保护、文化传承利用、打造黄河文化旅游带、讲好黄河故事 4 个方面，统筹谋划全市黄河文化保护传承弘扬工作，加快形成"一廊一轴一核五组团"空间布局，加快构建沿黄文化旅游廊道、黄河文化旅游核心区，打造黄河传奇古村、湿地绿洲、农耕田园、动感体验、温泉康养五个组团，推进黄河文化保护传承弘扬，讲好济南黄河文化故事，把济南建设成为黄河流域文化保护传承弘扬区。实施《济南历史文化名城保护规划》，加强特色文化传承工作，开展文物拯救保护行动，抓好革命文物保护利用，加强历史遗迹保护修复，延续城市文脉，留住城市记忆。

11.3.2 持续改善生态环境，厚植绿色活力空间

良好的生态环境是最普惠的民生福祉，聚焦群众身边的突出生态环境问题积极治理整改。围绕重点区域、重点领域、重点环节，突出精准、科学、依法治污，深入推进蓝天、碧水、净土三大保卫战，协同推进降碳、减污、扩绿，打好污染防治攻坚战，持续改善生态环境质量，推动生态环境治理不断取得新成效，低碳元素不断融入济南城市肌理。

重点推进济南市的民生工程，在学校和幼儿园周边规划休闲公园和树荫休息区；建立古树保护区域；新建山林绿道、林荫绿道、滨水绿道等。并推动全民共治，积极探索社会治理新模式，通过"共建花园""认建认养"等形式，鼓励全社会参与治理，探索社会管理的新途径。不断增进民生绿色福祉，持续提升"一城山色"的城市形象，初步形成连接城市自然景观和人文资源的绿色休闲空间，为市民提供健康休闲的场所。

如今的济南，厚植生态绿色底色，不断运用新兴技术，调动全社会积极性，助力城市发展方式和生活方式绿色转型，拓宽绿色发展之路，不断书写绿色低碳高质量发展新篇章。

11.3.3 城市形象内涵日益丰富、网红基础坚实

网红城市是人们对城市形象情感上的认同和审美上的重塑。济南以其丰富的泉水文化资源而著称，泉城广场上的"泉标"雕塑、被誉为"天下第一泉"的风景名胜区，以及"四面荷花三面柳，一城山色半城湖"的自然景观，为济南塑造了独特的城市形象。济南不仅拥有悠久的文明史和建城史，还有千佛山、趵突泉、大明湖等"三大名胜"，以及具有百年历史的大观园、老商埠等特色地标，它们与泉水文化共同构成了济南独特的历史底蕴和形象体系。人们对于超然楼的喜爱，其本质是对济南文化内涵及城市文脉的欣赏与认同。

近年来，济南的名胜打卡地不断增多，从黑虎泉、解放阁，到芙蓉街、宽厚里，再到超然楼、云鼎大厦等，这些景点虽然流行时间短暂，但它们相互串联，共同丰富了济南的城市形象。济南在传承和弘扬传统

文化的同时，也有效衔接了年轻群体的需求，实现了传统与现代的有机融合，为城市注入了新的活力，也为济南成为网红城市打下了坚实的基础。

11.3.4 以软实力为抓手，创建文明典范城

近年来，"软实力"已经逐渐成为济南城市发展的核心词汇，在多种媒体和场合中频繁被提及。在济南市的第十二次党代会报告中，特别强调了"硬实力"与"软实力"的互补性，指出城市不仅要有坚实的基础，更要有精神的内涵。2022 年，济南在省会城市中率先提出并实施城市软实力建设计划，利用文化资源的优势，与北京大学合作建立研究院，致力于打造城市软实力提升的关键引擎。济南还提出了"济南方案"，旨在探索和实践城市软实力的提升，并建立了一个集内容创作、典型展示、艺术展演、城市宣传、国际传播等多功能于一体的传播体系，以更广泛地传播济南的故事，促进文明城市的建设，增强城市软实力。同年，济南市还发布了《关于提升城市软实力创建文明典范城的实施意见》和《"提升城市软实力创建文明典范城'2022 年'十大攻坚行动"实施方案》，集中力量解决城市管理中的重点问题，打通城市管理堵点和痛点，为建设全国文明典范城市打下了坚实的基础。

济南正处在软实力发展的第一阶段，通过深入挖掘其独特的泉水资源和丰富的历史文化，利用其战略优势、交通网络、科技创新、数字化发展、人才基础、金融服务、营商环境、消费市场和生态宜居等十大优势，形成广泛的城市认同、文化认同、方向认同。

未来计划在软实力的进阶发展中，深化文化精髓的提炼与创新，以创新为核心，文化为重点，强化文化传承的力量，使济南的"十大之城"形象深植人心。在软实力的更深层次，即 3.0 阶段，济南将文化软实力与城市发展的各个方面紧密结合，实现文化与城市发展的共振，促进文化成为城市发展的内在动力。进入 4.0 阶段，济南将重点构建完善的制度体系，使软实力转化为城市发展的有力支撑，形成一系列品牌、亮点和制度，让软实力成为城市发展的坚实基础。在 5.0 阶段，济南将实现软实力的全面渗透，使软实力成为城市发展不可或缺的一部分，让软实力在城市中无处不在，影响着每一个人和每一项事业，实现城市与

软实力的相互促进和共同成长。在这个过程中，济南将持续推动创新和务实发展，不断挑战自我，释放软实力的潜力，通过量的积累实现质的飞跃，为城市的持续发展注入持久的动力。

11.3.5　以自贸区为依托，促进文化出海

山东自贸试验区济南片区自设立以来，坚持以制度创新为动力，深入挖掘黄河文化蕴含的时代价值，积极服务和融入黄河流域生态保护和高质量发展战略。2021 年 8 月，济南片区被中宣部、商务部、文旅部、广电总局授予"国家文化出口基地"。基地获批以来，通过搭建公共服务体系、创新文化出口业态、拓展海外推广通道，在全国首创文化企业"出海"全链条服务模式，片区创新经验成功入选商务部、文化和旅游部、广电总局三部委认定的"国家文化出口基地第二批创新实践案例"和中宣部外宣典型案例，成为黄河文化产品出口的最佳孵化地和文化贸易创新的最优集聚地，有力推动济南市对外文化贸易产业高质量发展。

建成全国首个文化出海公共服务数字化平台。依托基地运营单位山东同程尚品文化传媒有限公司，融合"线上 + 线下"资源，搭建文化"出海"全链条服务体系。线上构建创意设计、品牌孵化、海外推广、人才引育等全服务链条，开展国际商标注册、海外维权等综合服务，解决中小文化企业及非遗手工艺者缺乏品牌设计等问题。线下设立 6000平方米孵化空间，为中小文化企业开展品牌创意、展览展示、商务洽谈等提供场所，吸引企业在片区集聚发展。平台线上线下入驻企业超过560 家，2022 年基地直接签约客户出口额约 2 亿元，服务 2000 余家企业成功"出海"。

搭建文化出口产品标准体系。搭建线上 VI 设计、中文翻译、包装制作等任务对接系统，在线发布需求任务，平台设计师、翻译人员实现在线任务对接、交付。经过设计转化的标准化产品录入系统，详细记录产品规格、工艺特征等关键信息，形成文化出口产品标识数据库，首次实现文化出口产品生态化管理，有效解决文化出口产品缺乏国际标准、专业设计不足，中小手工作坊"出海"渠道不足等问题，助力文化产品成功"出海"。

搭建文化产品数字赋能云体验空间。依托新一代信息技术，为入驻

基地企业提供线上展示空间，以本地化语言结合新媒体（短视频、创意h5）形式讲述品牌文化故事、产品制作工艺，提升品牌知名度。打造原创优质文化IP，运用人工智能、计算机视觉、语音识别、手势识别、创意动漫等技术，打造文化创意体验应用端。配合海外展会建设"云展会"空间，利用VR、全景技术，实现线上沉浸式逛展，改变以往传统线下推广方式，适应文化消费习惯变化，丰富文化产品"出海"形式。

拓展"MCN直播中心＋精品店＋海外仓"出海通道。与阿里国际等跨境服务商合作建设MCN直播中心，开展多语种互动直播。在纽约、巴黎、东京等城市新建6家品牌展示中心，与日本东京银座、韩国首尔乐天合作建设2家海外精品店，推动2000个SKU文化产品成功进入日韩市场。在柏林、罗马、首尔等城市建设14个共享海外仓①，有效拓展中小文化企业海外推广渠道。

11.3.6 不断重塑城市非遗文化，带动城乡旅游业发展

一是实施八大传承工程。分类制订专项工作方案，重点实施非遗代表性传承人素质提升、知名非遗传承人学员招聘、传统工艺振兴、传统舞蹈活力再现等"八大工程"。面向社会为传承人公开招聘学员，解决了非遗传承后继无人的难题；国内最早设立传统工艺振兴项目库，根据济南市文化和旅游局2021年9月数据，2个项目入选国家传统工艺振兴目录，7个项目入选省级传统工艺振兴目录；23项传统舞蹈类项目得到扶持，培育了全国秧歌之乡——商河县。

二是聚力办好全国性活动。中国非物质文化遗产博览会永久落户济南，2022年成功举办第七届。有近10万人参与线下活动，直播观看、话题互动、媒体阅读等线上参与人次累计1.48亿人，新华社、《人民日报》、央视《新闻联播》、《光明日报》等高层媒体给予关注报道，社会影响力广泛，受到参会各级领导、专家和群众好评。成功举办"2022视频直播家乡年"活动，86位非遗传承人在抖音、微博等平台开设125个账号，开展直播，创作"年文化"短视频，浏览总量达380万人次，点赞量高达3万，受到文化和旅游部非遗司通报表扬。成功举办"非遗

---

① 济南片区2022-09-06。

购物节"，60 余项非遗项目 110 余个店铺参与线上活动，75 家非遗企业 500 余种产品参与现场展销活动，线上、线下累计销售额近千万元。

三是加强金融定向支持。为了扶持中小微企业创新，鼓励文化企业做大做强创意产业，制定出台《济南市人民政府关于印发济南市加快现代金融产业发展若干扶持政策的通知》《济南市文化产业重点企业名单制度》等政策措施，举办"兴文旅、稳经济、促发展"银政企对接洽谈会，建立重点文旅企业项目融资需求库和中小微文旅企业融资需求库，与北京银行、日照银行、莱商银行、建设银行等金融机构建立战略合作关系，推出"文创贷""文旅贷"等特色文旅金融产品，推动莱商银行设立济南首个"文化银行"，提供 30 亿元授信。

四是推进"非遗 + 旅游"。遵循国家 A 级景区的建设标准，精心打造阿胶文化展览馆、百脉泉酿酒文化展览馆等 30 个非物质文化遗产（非遗）主题展示馆。[①] 策划举办诸如趵突泉灯会、千佛山节庆等具有非遗特色的文化旅游盛事，以此提升文化体验。推出包括"扁鹊故里"中医文化探索之旅、"齐鲁巧匠"手工艺体验之旅、"黄河古风"民俗体验之旅在内的特色旅游路线，这些路线吸引众多游客的参与和体验。百花洲历史文化街区因其在非遗与旅游融合方面的卓越表现，荣获了全国非遗与旅游融合发展的杰出案例奖项。

五是打造"非遗之城"品牌。充分发挥中国非遗博览会永久落户优势，集中展示非遗最新保护成果。利用百花洲传统工艺工作站，孵化济南皮影戏、草柳藤编织、鲁绣等非物质文化遗产项目，推动汇集后宰门非遗文创产业集聚区等一批传统文化体验基地，成为全国非遗研发交流基地、非遗网红打卡地。引领了国内 12 家曲艺团体，组建了曲山艺海合作联盟，专注于培养 10 余家非遗曲艺书场，[②] 进一步推动了济南成为"曲山艺海"文化大码头的建设。这一举措成功吸引了德云社、开心麻花等知名文化品牌在此落户，为传统文化的传承与发展注入了新的活力。

六是推进"非遗 + 扶贫"。把非遗作为推进精准扶贫和乡村振兴的重要"小康力量"，启动非遗扶贫就业工坊展示展销活动，相继推出德兰柳编、鲁味斋、传统葫芦雕刻等典型非遗助力扶贫优秀案例，打

---

① 凤凰网山东，https://sd.ifeng.com，2022 年 3 月 28 日。

② 参见济南市文化和旅游局《济南市建设"曲山艺海"大码头实施意见》。

造了章丘文祖、济阳仁风等一批山东省"非遗助力脱贫　推动乡村振兴"典型乡镇。举办非遗扶贫技能培训班，助力贫困群众实现非遗就业。开展"非遗工坊"认定工作，与人社、乡村振兴部门共同认定一批有效带动贫困人口就业的非遗工坊，提升非遗在乡村振兴中的带动作用。

七是推进"非遗＋互联网"。聚力打造非遗数字经济，设立非遗博览会"云展厅"，在抖音、快手等平台上线"云游非遗·影像展"，在新黄河客户端推出"非遗频道"，举办非遗购物节、文化和自然遗产日全媒体直播等活动，积极推动非遗走上"云端"，打造永不落幕的非遗展示交易平台。深入挖掘优秀非遗资源，与现代设计、传播方式相结合，打造出登上电影《八佰》和热门综艺《奔跑吧！》的济南皮影、在抖音曝光量达 2.5 亿次的兔子王等备受年轻人追捧的"国潮"[1]。

八是推进"非遗＋手造"。开展"山东手造"非遗项目转化、基地调研等相关工作，与山东高速共同开展手造进服务区，在济南东服务区设立手造展销区。组织非遗项目参与齐鲁频道山东手造宣传和转化。章丘铁锅等 8 个项目入选"山东手造　优选 100"，75 件（套）展品参加2022 年山东省旅游发展大会"山东手造　济宁好礼"文创旅游商品展。组织"济南手造"进酒店、进书房，27 个非遗项目与 11 家泉城书房和银座颐庭、良友富临等 8 家酒店结对开展展示展销。推动打造精品文创和旅游商品，臻三环章丘铁锅、宏济堂阿胶、鲁味斋等 28 家企业核心产品被评为"好客山东"联名款文创和旅游商品。[2]

11.3.7　深入践行绿色低碳高质量发展，激活城市活力

坚定不移加快新旧动能转换，深入践行绿色低碳高质量发展要求，集聚高端高质高新产业，持续实施两轮"四减四增"行动，不断调整优化结构，打造绿色低碳高质量发展的活力之城。获批开展低碳城市试点、气候适应型城市试点。

依托绿色低碳产业集群的强大辐射力，济南持续推进文化"两创"，深耕文化资源，强化文化赋能，促进传统文化与现代时尚文化融

167

---

① 济南日报 2022 - 05 - 26。
② 枣庄晚报 2022 - 06 - 29。

合，在发展新业态的过程中，加快打造文旅商消费新领域。

深入实施人才强省会战略，全力创建国家级吸引和集聚人才平台，不断提升人才工作成效和区域人才竞争力。实施"头雁工程""火炬工程""摇篮工程"三项人才引育工程，发布人才政策"双30条"、高校毕业生就业创业"40条"等政策措施，高层次人才引进和本土人才培育齐头并进。当前的济南，拥有战略红利交汇叠加、科技创新实力雄厚、城市品质生态宜居等十大优势，成为各类人才创新创业的首选地之一。2024年2月28日，济南市人力资源和社会保障工作会议召开，济南现有人才总量达到278万人，其中2023年新增青年人才16万人，获评"2023中国年度最佳引才城市"。各类高端人才汇聚、创新创业政策完善，也让创新创造的活力在济南竞相奔涌。仅从创新实力上看，一批"中科系"院所在济南落地布局，山东产研院、高研院、未来网络研究院等省级新型研发机构陆续成立，齐鲁科创大走廊、中国科学院济南科创城等高能级平台集聚效应日益凸显，支撑济南在全国创新型城市排名连续跃升的同时，也为城市高质量发展提供着源源不断的动能。

大力推进智慧城市建设，采用物联网、云计算等新技术，提高城市治理智能化水平。同时，针对市民关注的环境问题，济南深化垃圾分类、水环境治理等工作，加强环境保护和资源利用。

在新时代生态文明建设的新征程中，济南市始终保持力度、延伸深度、拓展广度，持续改善生态环境质量。通过聚焦产业、能源等领域，在科技创新和数字经济发展等方面集中发力，全力推动绿色低碳高质量发展。以绿色发展厚植济南新质生产力，积极推进绿色产业高质量发展、生态环境高水平保护和创造济南人民美好生活深度融合。着力淘汰落后动能、改造提升传统动能、培育壮大新动能，为提升城市软实力注入新动能，走出一条具有泉城特色的绿色低碳高质量发展新路径。

11.3.8　坚持人民至上，不断增强人民群众的幸福感、获得感、安全感

济南把人民至上作为创建之本，以人民群众的"点赞量"衡量城

市生态软实力建设的"含金量"，济南把提升软实力、创建典范城市的"大目标"逐一落实到人民群众的切身利益中。

坚持整体谋划，市委市政府高度重视率先将争创全国文明典范城市列入"十四五"规划的发展目标，制定发布典范城市创建规划。在创建过程中，逐级压实责任，市、区县、街镇、村居四级联动，各级党委政府班子成员深入一线抓创建，党员干部扎根基层、狠抓落实，广大泉城市民踊跃参与、主动融入，推动创建任务有效落实。

坚持系统治理，巩固完善"精细化、网格化、智慧化、法治化"的文明城市治理模式，通过构建系统完备、科学规范、运行有效的制度体系，常态长效成为创建之重。济南还创新推出了"创嘟嘟"文明创建监督平台，市民群众只要登录这个小程序，把看到的问题拍一拍、填一填，就能为济南创城做贡献。如此"绣花针"式的创建工作还有很多，极大调动了市民的积极性。

坚持问题导向，各级各部门紧盯薄弱环节，加大整治力度，持续解决城市顽疾、补齐治理短板。以解决市民"急难愁盼"为着力点，更好满足群众对美好生活的向往，让群众生活更殷实、社会事业更普惠、生命财产更安全。

坚持"以文兴城"，数千年的文化家底早已渗透到城市发展的方方面面，如今，济南深入挖掘其丰富的文化资源，将悠久的文化精髓串联起来，实现了跨领域的创新融合。文化的力量被广泛融入旅游、商业活动、居住环境以及城市发展等多个方面。

11.4　评价方法与数据来源

本次评价基于五大原则构建城市生态软实力指标体系，分别为数据可得性原则、数据科学性原则和数据的代表性以及可操作性和实际性原则。生态软实力是由一系列具有内在联系的指标组成，遵循上述构建原则，最终选择以生态形象、生态文化、生态制度、生态活力为一级指标，共包含 11 个二级指标的城市生态软实力指标体系。具体指标体系和数据来源如表 11 – 1 所示。

表 11 - 1　　　　　　城市生态软实力综合评价指标体系

一级指标	二级指标	具体指标	单位
生态形象	大气质量	城市空气质量优良天数	天
	人居环境质量	城市公园绿地面积占城市建成区面积的比重	%
	生态关注度	生态文明建设为热词的搜索指数日均值	条
生态文化	节约用水	城市人均日生活用水量	升
	绿色出行	每万人公共汽车客运总量	人/百万人
	清洁能源使用	天然气普及率	立方米/百万人
生态制度	资金保障	市容环境卫生投资占财政支出的比重	%
	人员配置	水利、环境和公共设施管理从业人员数占比	%
生态活力	经济实力	城市人均 GDP	元
	旅游效益	城市旅游收入占 GDP 的比重	%
	科技活力	城市每万人绿色专利申请量	个/百万人

本研究采用综合评价方法来评价城市生态软实力，具体计算公式为：

$$T_i = \sum_{i=1}^{n} R_i P_i$$

式中，T_i 为第 i 城市生态软实力建设程度；n 为评价指标；R_i 为第 i 指标标准化后的取值；P_i 为第 i 指标的权重。指标权重 P_i 的确定采用德尔菲法，通过面谈、电子邮件、电话等方式征求了 10 位国内生态城市、生态文明城市研究专家的意见，并参考相关研究成果对于指标权重的赋值，从而确定本研究的指标权重。

本次评价选取 2011～2021 年作为研究期，研究对象为济南市，为保证数据的准确性，本篇数据来源于中国城市统计年鉴和中国城乡数据建设库。部分缺失值采用线性插值进行补充。其中由于代表节约用水的人均日生活用水量指标为中间型指标，参考中华人民共和国住房和城乡建设部发布的《城市居民生活用水量标准》，选取 150 升为理想值，采取赋分制取值，共分为十个等级，其中 145～155L 区间为最理想等级，取值为 100 分，低于 145L 以及高于 155L 取值依次递减。同时为消除不同量纲的影响，对指标数据均进行归一化处理，便于进行综合指标评价。

第12章 评价结果

12.1 发展水平在全省处于前列

从城市生态软实力总体评价结果来看，济南市生态软实力发展水平位居全省第1位，与青岛市携手领跑全省。相较于青岛市，济南市的生态软实力发展更稳定，处于稳步上升趋势，具有良好的发展前景；从分维度来看，济南市在生态制度建设方面尤为突出，位于全省第一位，济南市作为山东省省会城市，具有重要的政治地位以及制度优势，济南市政府一直积极致力于生态修复与环境保护工作，坚持绿水青山就是金山银山的理念，相继出台了一系列生态保护政策，根据济南市生态环境局数据，2021年生态环境大事记就有180条；此外，济南市在生态形象、生态文化、生态活力三个方面也均取得优异成绩，均位列全省第二位，且与第一位的青岛市差距较小（见表12-1和图12-1），为济南市城市生态软实力的发展提供有力支撑。

表12-1　　2021年济南市生态软实力发展评价得分和排名

目标层	全省排名	准则层	评价得分	全省排名
生态软实力发展水平	1	生态形象	0.1736	2
		生态文化	0.1233	2
		生态制度	0.0646	1
		生态活力	0.0688	2

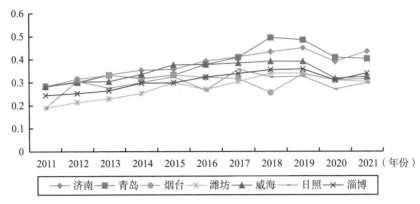

图 12 – 1　济南市与省内部分城市生态软实力对比

12.2　生态形象逐年向好

　　城市生态形象反映该城市对内、对外展示的生态文明建设，一方面反映本地居民生态文明建设的获得感与幸福感，另一方面反映了该城市的生态知名度。居民的生态幸福感与满足感可以通过该地的绿化程度表示，生态知名度可以通过对该城市的生态关注度表示。济南市生态形象得分 0.1736 分，在全省的排名第二位；从二级指标来看，生态关注度遥遥领先，处于全省第一位，大气质量、人居环境质量在省内的排名虽然在中游位置，但上升趋势明显（见图 12 – 2、图 12 – 3）。

　　2021 年，济南市 $PM_{2.5}$ 的年均浓度为 40 微克/立方米，同比改善 18.4%，改善幅度在全省排第 3 名，空气质量优良率为 64.6%，重污染天数为 2 天，同比减少 7 天，均达到目标要求，其中前三季度全市良好天数高达 163 天。

　　济南市采取了一系列综合措施来改善环境质量，2021 年大气质量指标相较于 2016 年提升约 52%。在扬尘污染综合整治方面，济南市成立了工作组制订针对扬尘污染的综合整治方案，包含建设工程、道路保洁、建筑垃圾运输处置等多个环节。在前三季度，济南市 PM_{10} 浓度同比改善了 11.2%。在工业领域污染整治上，对工业炉窑进行治理和燃气锅炉改造，开展环境综合整治。针对臭氧污染，组织了 VOCs 综合整治专项检查。在前三季度，全市臭氧浓度相比上年同时期改善了 5.1％。在移动源污染防治方面，实施了重型柴油车国家第六阶段排放标准，并引导报废老旧柴油货车。济南市还建立了空气质量季度考评制度，强化了技术支撑体系，包括卫星遥感、雷达遥测、标准站、微站、走航、超级站等，以及重点污染源自动监控体系。虽然济南市在大气质量取得了明显改善，但与其他城市相比还是有较大差距，空气质量持续改善形势严峻，同时水污染防治压力依然较大，在对突出生态环境问题的整改、生态环境的治理能力建设等方面还存在一定的短板和差距。

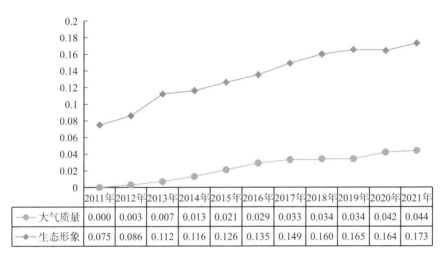

	2011年	2012年	2013年	2014年	2015年	2016年	2017年	2018年	2019年	2020年	2021年
大气质量	0.000	0.003	0.007	0.013	0.021	0.029	0.033	0.034	0.034	0.042	0.044
生态形象	0.075	0.086	0.112	0.116	0.126	0.135	0.149	0.160	0.165	0.164	0.173

图 12－2　济南市生态形象和大气质量变化趋势

在城市绿化方面，济南市新编制了《济南市国土空间生态修复规划（2021—2035 年）》。规划明确了全市生态环境保护近期发展目标和 2035 年远景目标。到 2025 年，森林覆盖率达到 26.1％；人均公园绿地面积达到 13.5 平方米；城市建成区绿地率达到 37％，湿地保护率不低于 60％，重要河湖水功能区水质达标率达到 85％等目标。到 2035 年，森林覆盖率达到 26.15％，人均公园绿地面积达到 14.5 平方米等目标。通过一系列规划以及城市文旅宣传，济南市居民对于生态环境的关注度也开始上升，总体生态形象逐年向好，相比于 2016 年提升 28％。

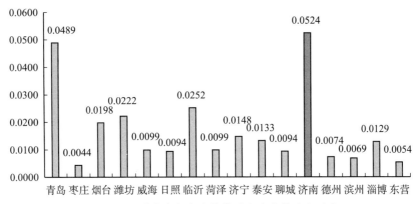

图12-3　济南市与省内其他城市生态关注度对比

12.3　生态文化建设势头强劲

文化是促进社会发展的精神力量，同样生态文化是城市生态文明建设和走生态发展之路的重要精神力量。生态文化主要指本地区居民的生态价值观念。居民是生态文化践行的主体，居民进行生态文化建设最直接有效的方式就是生活方式的绿色化，而生态文化在居民身上最直接的体现就是环境和生态保护意识。因此，生态文化一方面应体现在当地居民绿色生活的实践程度和满意程度等方面，另一方面体现在该地的文化基础。

在生态文化维度上，济南市以0.1233的得分位列第二，略低于青岛市的0.1296（见图12-4）。济南市大力普及清洁能源的使用，推行绿色出行，不断优化能源结构与布局，推动节能降碳和绿色转型，清洁能源使用指标较2016年提升89%，且仍保持逐渐上升态势。以供暖为例，济南能源集团把清洁能源战略放在重要地位，加速供热领域清洁转型。同时结合最新的政策和方向，建立清洁能源供热为辅的热源模式，同时充分利用工业余热和燃气供热等资源，推动清洁能源的广泛应用，促进了可持续的供热发展（见图12-5）。

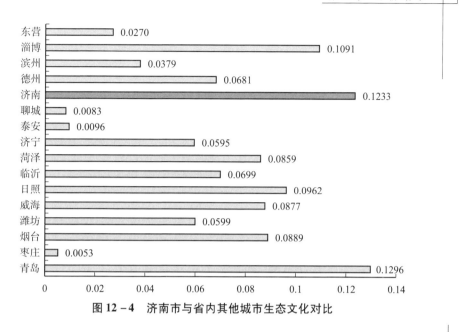

图 12 - 4　济南市与省内其他城市生态文化对比

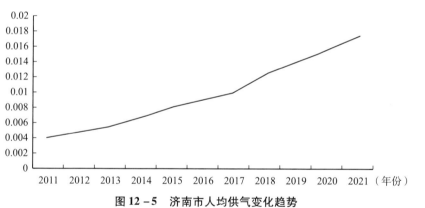

图 12 - 5　济南市人均供气变化趋势

12.4　生态制度全面领跑

城市生态软实力的另一重要保障就是生态制度。政府在生态文明建设中的投入，包括人才和资金投入，有利于城市生态软实力建设。济南市生态制度得分 0.0646，列省第 1 位（见图 12 - 6）；具体来看，济南市在人员配置方面表现突出，人员配置指标位居全省第 1 位。这意味着济南市在水利、环境和公共设施管理方面拥有充足的从业人员，为生态环境的监管和管理提供了强有力的支持。然而，尽管在人员配置方面表现出色，但在市容环境卫生上的投资并不突出，资金保障指标位列全省第7位。这提示济南市在资金投入方面还有改进的空间，具体表现在市容环境卫生投资占财政支出的比例相对较低。市容环境卫生的改善需要大量的投资，包括城市绿化、垃圾处理、污水处理等多个方面。然而，由于财政资源有限或分配不均衡，导致重要领域的投入不足，制约了城市环境的改善和生态软实力的提升，需要进一步提高和优化在市容环境卫生方面的投资。

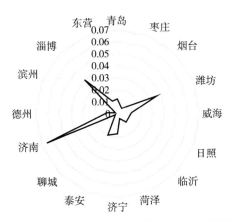

图 12 - 6 济南市与省内其他城市生态制度对比

12.5 生态活力基础牢固

城市生态活力表现为城市依托本地区生态资源创造新价值的能力。一方面体现为社会经济收入，另一方面体现为社会绿色创造收入。生态活力体现一个城市未来生态发展的前景。从评价结果来看，济南市生态活力评价得分 0.0688 分，列省内第 2 位，发展势头良好。具体指标中，人均 GDP 得分 0.037 分，位居全省第 3，比排名第 1 位的东营（0.048分）少 0.011 分，还具有一定差距；旅游效益表现较为不理想，位居省内第 10，得分较低，说明济南市旅游业在 GDP 的贡献上并不突出，2021 年济南市文化旅游体育与传媒预算支出相较 2021 年下降 0.47%。

尽管拥有一定经济实力，但生态产业和可持续经济发展仍然不足，缺乏充分的经济支持和投资，导致生态资源未能充分转化为经济效益。其次，济南市的旅游潜力未被充分挖掘，旅游业的可持续性和环保性有待提高，需要更好地发挥旅游业在生态环境保护和生态活力释放中的作用；科技发展活力强劲，位列全省第 1 名（见图 12 - 7），济南市致力于推动绿色、低碳、高质量的发展，在产业和能源领域采取了全面措施。重点工作包括淘汰落后的产业动能、改造和提升传统产业动能，以及培育壮大新兴产业动能，推动经济结构的优化和转型升级。

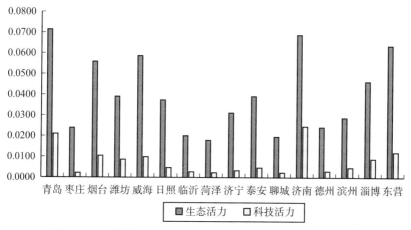

图 12 - 7　济南市与省内其他城市生态活力、科技活力对比

第13章 济南市生态软实力发展存在的不足

13.1 城市形象与宣传困境

13.1.1 城市形象塑造与头部城市仍有较大差距

近年来，济南相继获得全国文明城市、国家卫生城市、国际花园城市、全国优秀旅游城市、全国水生态文明城市、国家森林城市、国家园林城市等一系列荣誉称号。赛迪顾问于 2021 年 9 月发布《2021 数字经济城市发展百强榜》，济南在百强榜中位列第 18 名，首次入选数字经济新一线城市。2020 年 12 月，中国社会科学院财经战略研究院发布《中国城市营销发展报告（2020）》，报告中济南的营销建设排名第 19 位。

从成绩上看，济南在城市形象的塑造与传播中虽取得一定成果，但与头部城市仍有较大差距。南方周末城市（区域）研究中心发布的《城市形象传播年度观察》报告中也佐证了这一现状，报告在分析城市"走红"和"长红"的典型成功案例中仍未有济南的身影。

13.1.2 网红热点与城市形象缺乏必然性联系

济南的城市形象是以千年文脉为底色，以泉水为基础，辐射"三大名胜"、黄河、老商埠等，"山、河、湖、泉、城"一体化发展的"形象体系"。但经调研发现，济南市目前广受欢迎的网红景点，如超然楼和云鼎大厦,与这些传统景区之间缺乏直接联系。此外,济南尚未建立起景区间的连贯游览路线和夜间游览体系。例如,连接趵突泉、大明湖、黑虎泉等景点的护城河画舫在淡季晚上不开放,限制了游客体验夜晚水上游览的机会。在城市服务方面,济南尚未在机场、高铁站等关键交通枢纽或景区设置游客服务中心,导致游客到达后需要依赖地图或在线攻略自行探索,这影响了他们对济南文化和城市形象的直观感知和体验。

13.1.3　网红景点维持热度存在"死角困局"

网红景点是打造网红城市的基础,但目前观察到的现象是,像云鼎大厦和超然楼这样的地标性建筑主要因为夜间照明而吸引关注,其他方面的吸引力相对有限,维持热度存在"死角困局"。

首先,超然楼亮灯时间约为每日 19 点至 23 点,属于夜经济范畴,但该区域过于孤立,周边设施商业化不足,未能发展成为像南京秦淮河或北京后海那样的繁华夜生活区域,这限制了其夜间消费的潜力。同时,超然楼亮灯时间过短,未达到夜经济所需时间跨度,容易导致短时间内人流密集而其他时间则显得空旷,形成了所谓的"潮汐现象",这对游客的整体体验产生了负面影响。

其次,文化产业的发展速度相对滞后,文化和艺术活动的类型较为单一,缺乏多样化的文化创意产品。以大明湖景区为例,其咖啡店和下午茶服务依然以传统的"围炉煮茶"和流行的"网红咖啡"为主,与国内其他城市提供的饮品服务相似,缺乏特色。而具有济南特色的"碧筒饮"和"泉水宴"等传统饮品却难以找到,未能形成具有规模的特色市场。

13.1.4　媒体传播缺乏塑造性和故事性

陈淼和唐冰等在其研究中提出,在融媒体的背景下,城市形象的传播手段变得更加多样化。然而,目前城市形象的推广往往采取一种较为被动的策略,仅在热点事件出现时才进行应对。新媒体平台上官方媒体的账号活跃度不高,影响力有限;而自媒体虽然活跃,但它们倾向于追逐热点,这往往导致内容的同质化和单一性。此外,话语体系有时过于

179

通俗，甚至可能因为网友的盲目追随而引发不可预测的负面后果，产生负面效果。

济南也存在类似问题，如对超然楼的报道存在一定程度的单一性、同质化，尤其是本地媒体在挖掘和融合济南的历史文化以及城市生活方面做得不够深入，导致发布的新闻报道缺少引人入胜的故事元素。像超然楼的照明故事、大明湖的名人轶事、与影视剧相关的传说，以及济南市民保护泉水的传统等，这些故事都没有得到充分的展现。此外，在短视频平台上，缺乏有组织的、能够引发广泛讨论和参与的活动，未能形成连续的、有影响力的宣传浪潮。

13.2　城市文化建设存在的问题

13.2.1　公共文化服务体系发展不平衡

虽然四级公共文化服务设施网络全覆盖基本完成，但区域发展不够平衡，城区东部、新旧动能转换起步区缺少大型文化馆群；有的区县博物馆、文化馆、图书馆设施标准低，美术馆、综合性博物馆没有实现全覆盖。由于受到经费限制，基层公共文化场地和设施缺乏，影响广大市民群众的文化生活开展；部分基层文化基础设施利用率较低，存在着闲置、被挤占、挪用的情况，不能充分发挥其应有的功能。

13.2.2　文化产业总体规模不大，龙头企业少

济南市文化产业与国内先进城市相比差距较大。全市营收 10 亿元以上的文化企业占规模以上文化企业比重不足 5%。文化产业发展顶层设计不够，扶持政策和配套措施不足。文化产业数据纳入统计指标体系不全面，服务决策的作用不能有效发挥。

13.2.3　旅游业仍面临严峻挑战

一是资源利用存在碎片化、低端化和封闭化问题。济南的文化旅游

资源集约化程度不足，虽然拥有大量旅游资源，但未能形成连珠成片、连片成面的景象，旅游资源形成割裂现象。济南市的旅游产业还较为单一，文旅产业仍以观光产品为主，沉浸式体验、生态康养、高端研学等形式发展较少。二是文化旅游知名度有待提升。济南文化旅游的国际化程度还比较偏低，文化旅游产业资源的品牌资源挖掘不足，历史名人文化、黄河文化等品牌文旅资源挖掘力度不够。三是文化旅游产业整体创新能力依然较弱，科技对文旅产业发展的支撑拉动作用不强。

13.2.4　市属国有文艺院团运营管理面临诸多困境

院团运营经费保障不足，退休职工补充医疗保险等资金缺口较大。院团队伍年龄结构老化，专业技术队伍出现断档；从事基层文化工作者编制少，专职工作人员缺乏，工作人员专业素质参差不齐，缺乏定期业务培训。大部分院团无固定演出场所，与"一院一场"要求差距较大，仅有的宝贝剧场、茗曲阁等演出剧场亟须修缮提升。

13.3　城市治理不够精细高效

13.3.1　行政主导的单一模式

城市管理体系显示出一定的落后性，主要问题在于管理权力过于集中，过分依赖于行政力量的推动。从细微之处如街道两旁植物的选择，到宏观层面如城市交通网络的设计，常常可以看到决策过程中缺乏严谨性、科学依据不足的现象。此外，城市治理体制规范化、法治化方面仍存在不足。

13.3.2　市容市貌不整，脏乱差问题突出

农贸市场仍存在经营业户缺乏卫生意识、占道经营、证照不全，保洁不到位、苍蝇乱飞、秩序混乱、乱贴乱画等问题；城中村、城乡接合

部以及开放式小区存在环境卫生差距较大，垃圾清运不及时、"十乱"随处可见等问题；"八小行业"数量多、情况复杂，摸底工作进展缓慢，特别是食品卫生"三小"行业基础条件差，管理还不够规范；中小学附近的小商店、小餐馆更要引起高度关注；民营医疗机构、省部级窗口单位、飞机场、火车站、汽车站、进出济南的重点路口，存在环境卫生问题；城区到现在还存在旱厕；病媒生物防制也存在一些薄弱环节，尤其是随着夏季到来，蚊蝇孳生增多，防制工作需要进一步加强。

13.3.3 违章建筑问题新旧叠加，禁而难止

济南市多年来遗留下大量无合法手续的违章建筑，这些建筑被用于多种行业，包括但不限于酒店、零售店铺、市场、工业设施、商业地产、出租住宅、公共设施以及市政建设项目。尽管城市管理执法部门已经多次采取措施来处理这些违章建筑，但由于现行的法规和执法机制存在缺陷，例如执法部门缺乏直接关闭施工现场或扣押施工设备的权力，使得查处工作面临重重挑战。

13.3.4 交通秩序不佳

一是部分驾驶员对交通规则的遵守意识较弱，常常无视交通信号灯的指示，与行人争抢道路、乱鸣喇叭、随意停车等行为频繁发生；二是一些市民对交通法规的认识不足，常常不使用人行横道，甚至翻越绿化带和隔离设施，这些违规行为在街头巷尾随处可见；三是部分路段的连接和交通信号灯的设置缺乏合理性，在车辆数量激增和交通压力增大的情况下，关键路口和高峰时段的交通拥堵问题尤为突出。

13.4 企业软实力有待进一步提升

企业软实力构成了企业核心竞争力的关键要素。在当前全球竞争日益激烈的环境下，济南的企业已经从追随者转变为并行者，部分企业甚至已经走在了行业前列。然而，这些企业在价值观念的引领、行业标准

的制定等方面仍需进一步强化。随着企业国际化进程的加速，面对多变和充满挑战的国际形势，增强企业的软实力显得尤为迫切和重要。

就数字化转型来说，济南不同行业对数字化转型面临的挑战认知不同，如对金融类企业来说，主要的难题在于专业技能的不足、创新能力的限制以及转型资金的匮乏；对制造类企业来说，缺乏战略规划、理念认知不足和经验技能短缺是最大挑战；而对于 IT 服务和咨询类企业来说，转型预算不是它们所面临的最大挑战，它们所面临的挑战可能更多地集中在其他领域；建筑类企业认为缺乏战略规划是数字化转型中面临的挑战，其次是理念认知不足和经验技能短缺；对专业技术服务类企业来说，多数的企业认为对数字化转型的理念认知不足，其次是缺乏战略规划和所处阶段不清；教育类企业面临的最大挑战是理念认知不足、缺乏战略规划和经验技能短缺；对于批发和零售类企业，经验技能短缺、缺乏战略规划和创新协作不足是数字化转型过程中面临的最大挑战。

政府部门在推进数字化转型时，主要障碍包括对转型理念的理解不足、创新合作的局限以及对当前发展阶段的不清晰认识；广播电信类服务企业认为创新协作不足、专业技能的短缺以及对转型理念的不充分理解是面临的最大挑战；对于数字化转型相对滞后的交通运输类企业，缺乏战略规划、理念认知不足和经验技能短缺是其面临的最大挑战；对于消费和娱乐类企业，缺乏战略规划、理念认知不足和所处阶段不清是面临的最大挑战。

第14章　济南市生态软实力建设展望及对策

随着时间的推移和社会的进步，济南城市文化软实力的提升将不断迈向新的高度。未来，我们可以预见以下几个方面的发展趋势。

首先，随着信息技术的发展和应用的普及，济南城市生态软实力的建设将趋于数字化、智能化。我们可以期待更多的数字文化资源的开发和利用，通过互联网和新兴技术媒体，将济南丰富的文化资源推广给更广大的受众。同时，通过人工智能等技术手段，可以提供更个性化、多元化的文化体验，让每个人都能找到自己热爱的文化内容。

其次，未来的济南城市生态软实力将更加注重创新和独特性。在全球化的背景下，各个城市之间的生态软实力竞争也日益激烈。济南必须在保持传统文化的基础上，加强对时尚、艺术、科技等新兴文化领域的研究和创新。通过引进外部的文化理念和专业人才，结合本土的优势资源，培育出具有济南特色的产品和品牌，提升城市生态软实力的独特魅力和竞争力。

再次，随着人们对精神文化需求的不断提升，济南城市生态软实力的建设也将更加注重人文关怀和社会责任。文化应该成为人们精神生活的重要支撑和力量源泉。未来，济南可以推动文化与教育、文化与健康、文化与社会福利等领域的深度融合，通过提供优质的文化服务和文化产品，满足人们对美好生活的渴望，提高城市居民的幸福感和获得感。

最后，未来济南城市生态软实力的提升需要广大市民的积极参与和支持。每个人都可以成为文化的创造者和传播者。未来，我们期待在济南看到更多的文化志愿者、文化活动组织者、文化创业者的涌现，共同推动城市文化的繁荣发展。

展望未来的发展，济南城市生态软实力的提升将在数字化、智能化、创新性、人文关怀和社会责任等各个方面得到不断提升。只有不断拓展文化领域、丰富文化内涵，并注重人们的需求与参与，才能真正实现济南城市生态软实力的全面提升，为城市发展注入更加强大的动力。

作为中国的历史文化名城之一，济南不仅拥有丰富的文化遗产和自然景观，还拥有雄厚的经济实力，为提升其在全球城市生态软实力排名，济南必须积极应对当前所面临的各种生态挑战，采取一系列战略性举措，以确保可持续的城市发展。

14.1　继续加强城市形象宣传

14.1.1　传扬城市"家传经典"，提高商业化程度

济南的城市魅力与其深厚的文化底蕴密不可分。这座城市以其独特的风貌——"泉水环绕，绿柳依依"——以及其特色美食，如大明湖畔的荷花宴、清凉解暑的泉水冰镇西瓜、地道的大碗茶，展现了其独有的生活风情。山东快书、济南琴书、千佛山庙会、护城河上的画舫等丰富多彩的文化活动，都是济南文化传承的瑰宝，也是其成为网红城市的重要优势。文旅部门应当重视并有效整合这些文化资源，为游客提供不仅是视觉上的享受，更是一种全方位的沉浸式体验，让他们感受到济南独有的生活方式，"有点可秀"。此外，还应加强基础设施建设，针对夜间旅游、休闲度假、文化演出和市井生活等需求，进一步提升和优化夜经济的商业潜力。政府应发挥主导作用，联合专业第三方机构，围绕重要节日和庆典，策划并定期举办特色活动。同时，开发和推出具有地方特色的文化纪念品和创意产品，让游客能够将泉城的美好记忆带回家，以此激发消费潜力，促进经济增长。

14.1.2　推动市内各景区抱团发展，打造城市 IP

据学者万书辉①的观点，在后现代背景下，我们被商品化的景观所

185

---

① 　万书辉：《从文化生产看后现代社会文化的商品化》，载于《学术交流》2002 年第 6 期。

环绕，真实的世界变成简单的形象，而商品景观本身则上升为一种新形式的真实存在。这种形象与媒介的结合，正是哲学家海德格尔所描述的"世界图像化"现象。基于这一理念，城市的最终形象可以被视为城市的专属标识——即城市 IP。对于济南而言，超然楼的一时走红仅是一个起点。未来的发展重点应当是如何让济南的多元元素、地标性地点、地道生活方式以及丰富文化传统同样受到关注和传播。

从景区方面，将"网红效应""超然楼经验"拓展至大明湖整个景区，将曲水亭、府学文庙、趵突泉等邻近景点纳入统一的旅游网络，同时向千佛山、老商埠等较远地区扩展影响力，实现景点间的互联互通，构建起一条连贯的旅游线路和区域性的旅游面；围绕"夜游"主题，设计并推出一系列夜间旅游活动，如在大明湖上的"画舫夜游"、以"照亮天下第一泉"为主题的灯光秀以及"夜爬千佛山"等体验活动，为游客提供独特的夜间游览乐趣，打造济南不夜城。从消费方面，延伸"网红触角"，进一步扩展网红文化的影响力，不仅局限于景点，还要打造具有吸引力的网红美食街、特色街区、创意产品和便捷有趣的交通体验，可以增强济南文旅产业的吸引力和竞争力，促进产业的整体升级和发展。

14.1.3 充分发挥媒体和年轻群体作用，对城市形象进行塑造性传播

网红的底层逻辑是网络传播力和影响力，要将城市打造成为网红城市，关键在于加强网络传播和宣传推广的力度，并在这些方面做出更为精细的策划。主流媒体要站在一定高度、以全局视角深入挖掘城市文化内核，讲好城市故事；而新媒体平台则应利用其多样化的传播形式，形成传播的协同效应，以实现对城市形象的积极塑造。另外，年轻人作为文旅消费的主力军，也是网络社交平台主要的内容创作者和用户，他们用拍照、打卡、发圈的方式分享自己的生活，影响着更多网民对景点、城市的感知与印象。有关部门应致力于吸引年轻群体，推出具有吸引力和亲和力的人才政策，促进人才与城市之间的互动与融合，实现人才与城市的"双向奔赴"，使广大年轻人自发成为济南发展新形象的"代言人"和"发声人"，让城市形象在年轻人群体中实现"大流量"与"大

留量"的有效转换。

14.1.4 发扬泉文化，加快推进泉城文化景观申遗

济南作为"泉城"，具有独特的泉水文化。应加快"济南泉·城文化景观"申遗，筹建泉水博物馆，做好"一泉一品"包装策划，推进泉水直饮工程，延伸观赏—体验—购物链条。高标准办好国际泉水节，实现泉水、美食、古城、时尚等元素融合互促，充实泉水文化内涵，因地制宜发挥泉城之长。推进泉·城文化景观申报世界文化遗产，加强历史文化遗产保护、优化泉水保护利用、提升城市美誉度。

14.1.5 串联周边城市文化热点，打造沿黄旅游"网红链条"

近年来，山东省各地的文化和旅游活动频繁成为网络热点，如淄博的烧烤盛宴、泰山的登山节庆、青州的大唐不夜城、青岛的脱口秀大会录制，以及曹县汉服的流行趋势。面对这些现象，省级政府应发挥领导作用，整合各地的文化和旅游资源，将这些热门景点连接成一条条引人入胜的旅游路线。同时，提升各地的旅游服务能力，构建起覆盖全省的旅游网络，以黄河文化为纽带，串联起山东丰富的文化旅游资源。通过打造一个融自然景观、文化底蕴、生活气息和情感共鸣于一体的综合性旅游品牌，以及提供衣、食、住、行全方位的旅游服务，形成一张具有吸引力的旅游"打卡"地图。利用现代科技、创新管理和高效运营手段，持续提升游客的体验质量，增强他们的参与度和归属感。借助全省大格局，吸引更多游客深入体验泉城济南的魅力。

济南借助超然楼的爆红作为契机打造网红城市，除了做好文化底蕴挖掘与创造性转化及传播这个课题外，还需不断关注并增强城市自身在其他方面的实力，尊重老百姓对地域历史文化、城市精神和城市文化品格的解读，通过整洁的城市面貌、优质的窗口服务、完善的营商环境、繁华的烟火气息、浓郁的文化氛围、智慧的城市治理，让市民和游客真正感受到城市生活的安全、温暖、舒适和高效，为加快建设"强新优富美高"新时代社会主义现代化强省会作出更大贡献。

14.1.6 打造具有济南特色的城市生态文化地标

摸清济南的自然基底和文化基因家底。济南的城市自然基底和文化基因独具特色，按照典型性和代表性对其进行分类排序，掌握济南打造生态文化地标的基础条件。

打造识别度高的城市生态文化新地标。融合生态工程、社会工程、文化工程、产业工程的建设要求，把城市红色文化等文化基因融入城市生态软实力建设过程，打造识别度高的城市生态文化新地标，使之成为城市生态文化浓缩的载体，创新生态文化地标宣传方式，让更多的人了解济南、认识济南、关注济南。

14.2 加快非遗名城建设，促进创意产业发展

14.2.1 办好博览会

珍惜中国非物质文化遗产博览会永久落户济南机遇，建立中国非遗博览会常态化办会机构，建设常态化展示场所，培育相对固定的专业策展团队，加强中国非遗博览会品牌研究，建立起博览会策划、运营、推广一体化品牌打造模式，进一步提升中国非遗博览会办展水平，扩大中国非遗博览会品牌影响力，打造具有国际影响力和传播力的中国传统文化展示品牌。推进中国非遗博览会的济南化发展路径，将博览会优势转化为济南文化建设动能，深度融合济南文化特色，吸引外地优质项目落户济南，带动济南策展设计力量提升，拉动会展企业市场，形成"中国非遗看济南"的城市优势。

14.2.2 打造品牌活动

树立以活动促传承、以品牌促传播理念，围绕"泉润非遗"品牌，打造十大系列品牌活动。在文化和自然遗产日期间，举办"泉润非遗"

济南非遗购物节，促进非遗产品线上线下交易，培育非遗交易平台。在春节期间，举办"泉润非遗"视频直播家乡年活动，展示与年文化相关非遗项目，推动非遗实践。举办"泉润非遗"寒、暑假非遗研学月，引导中小学生走进非遗实践基地，学习体验优秀传统文化和技艺。举办"泉润非遗"非遗创意设计大赛，面向社会征集非遗创意设计，推动非遗与创意设计更紧密结合。举办"泉润非遗"非遗技能比赛，吸引广大群众参与非遗传承，促进传承人提升技艺水平。举办"泉润非遗"非遗线上公开课，利用市及县区非遗线上平台，常态化开展非遗线上技艺培训、知识宣讲。举办"泉润非遗"志愿服务周，引导社会各界参与非遗志愿服务，开展非遗体验、展示、讲座等活动。举办"泉润非遗"非遗推荐官活动月，以多种形式集中推介非遗项目、实践成果，促进非遗跨界融合。举办"泉润非遗"版权交易周，推进非遗作品的版权保护。举办"泉润非遗"精英荟，加强非遗各领域间跨界交流合作。

14.2.3　培育"泉城非遗人"

培育模范非遗传承人、非遗传播人、非遗研究者等各类人才，打造非遗人才高地。加强非遗传承人队伍结构优化、素质提升，培育新型非遗传播者，建设非遗研究智库，评选模范非遗传承人，非遗管理、研究、传播等类人才，加大示范、典型推广力度，以点带面，激发传承、传播活力。

14.2.4　建设"泉城非遗坊"

充分发挥非遗的社区特性和功能，建设"泉城非遗坊"，建成非遗展示、体验新型空间网络，实现非遗在社区的全覆盖。广泛动员社会力量参与，鼓励利用社区、商超、楼宇等公共空间，引进非遗项目开展常态化传承、展示体验活动。支持非遗项目所在社区，开辟更多的活动空间，用于非遗项目的展示和传承。持续推进非遗扎根社区，让非遗更好地服务人民，提升社区居民的文化认同感、参与体验感。

14.2.5 推进非遗文化校园传承

持续推进非遗与学校教育融合工程，加大校园非遗课程设置力度，优化授课模式，探索多种方式、多条路径的多样化非遗教育模式。支持社会力量参与非遗教育服务，举办非遗技能比赛、校园非遗活动周等。实现优秀传统文化的校园传承和传播，建立规范、有序、扎实有效的非遗教育体系，努力构建优良的非遗传承基因。

14.2.6 打造创意产业发展载体

推动梳理全市闲置空间资源和老旧厂房，采取政府引导、社会参与、市场化经营的路子，打造一批文化产业园区（基地），集聚产业人才，优化文化产业生态，促进创意产业发展；重点推动西城软件园、斜杠广场打造省级网络视听产业园区，推动579百工集、美育谷、成丰面粉厂等打造时尚文化业态集聚区。努力培育10家在国内具有较强竞争力的文化企业（集团），100家符合产业导向、拥有自主知识产权、各项指标位居行业前列的重点文化企业，1000家"专、精、特、新"小微文化企业，培育壮大产业发展集群。

14.2.7 创新人才培养模式

用足用好人才政策，支持"领军人才＋团队＋项目"入驻模式，鼓励文化领军人才自主聘用"柔性流动"人员和兼职科研人员组建科研团队；推动与山东大学、山东工艺美院等驻济高校科研院所战略合作；推行校企嵌入式合作模式，精准培育文化人才。在文化产业专项资金中，优先扶持创新和版权交易产品，推动文化产业与信息产业相结合；应着力构建一个集生产、教育、研究为一体的文化科技创新体系，以及一个强有力的知识产权保护机制，以确保科技成果能够有效地转化为创意产业的驱动力；鼓励并引导各类企业投身于研发拥有自主知识产权的高端文化产品。通过增强科技的支撑作用，不仅能够提升文化产品的附加值，还能保障文化资源的长期发展和利用，实现文化产业的可持续性。

14.3　激活黄河文化软实力

14.3.1　加强黄河文化研究创作

通过加强黄河文化的研究创作，可进一步挖掘黄河文化的内涵和价值，提升城市文化软实力，为城市品质建设提供有力支撑。第一，要深入挖掘黄河文化的历史内涵，了解其起源、发展和演变过程，进一步把握其精神实质和文化价值，为后续的创作提供深厚的文化底蕴。第二，黄河文化具有坚韧不拔、自强不息、开放包容等独特的精神特质。这些精神特质既是黄河文化的核心与灵魂，又是推动城市品质建设的重要力量。因此，要进一步提炼黄河文化中独特的精神特质，并将其融入创作中，向外界传递城市的文化魅力和精神风貌。第三，利用黄河文化资源，创作具有地方特色的黄河文化作品，如影视剧、文学作品等，通过多样化的表现形式，展示济南市的黄河文化魅力和文化品位。第四，黄河文化是一个庞大的体系，需要众多学者和研究人员的共同挖掘其内涵与价值，如组织黄河文化的学术交流与研讨活动，汇聚更多的智慧和力量，促进不同地区间的交流与合作，深挖黄河文化精神内涵，为作品创作提供参考。

14.3.2　促进黄河文化与旅游融合发展

促进黄河文化与旅游融合发展，既能传播黄河文化，又能促进文旅业创新发展，助力地方城市品质建设。近年来，以黄河文化廊道建设为契机，加快研发黄河文化旅游路线，使黄河文化与旅游深度结合，推动文化旅游业快速发展。如围绕游客的"看在黄河、吃在黄河、住在黄河"等多方位体验需求，打造济南黄河生态文化之旅、黄河民宿体验之旅、"亲近黄河"沿黄休闲自驾游、畅游惠民经典线路等多条黄河主题旅游线路。不仅如此，游客还能够体验户外露营、美食尝鲜、近郊自驾等项目，在休闲旅游的同时，感受黄河文化魅力。因此，要想以黄河文化软实力激活城市品质建设，还需要借助人工智能、VR 和 AR 等先进技术，加快推动黄河文化旅游业的智慧化建设与发展。具体内容有：一是基于先进的数字化技术，建立黄河文化资源数据库，收集、整理、保存黄河文化的各类信息，为后续的旅游开发提供数据支持；二是利用虚拟现实、增强现实等技术，将黄河文化的历史场景、文化景观等进行数字化重现，同时增设互动环节，为游客提供更加生动、真实的旅游体验，让游客身临其境，在真实的模拟体验中了解黄河文化；三是利用大数据、云计算等技术，收集游客的旅游行为、旅游偏好等各项数据信息，根据数据分析结果，明确游客的旅游消费特征，采取精准的营销策略，将黄河文化旅游信息精准推送给目标消费群体，让更多人知道黄河文化旅游项目，扩大知名度；四是利用传感器对景点的人流量、环境质量等进行实时监测，为游客提供更加安全、舒适的旅游环境。

14.3.3　打造特色黄河文化品牌

黄河文化蕴含着丰富的精神内涵，需要对其深入挖掘。要不断提升黄河文化软实力，在保留黄河文化精髓部分的同时，创新文化载体和文化呈现形式，打造特色黄河文化品牌，激活城市品质建设。具体措施如下：一是加强黄河文化宣传，借助微博、抖音、微信公众号、网站等媒体平台，将拍摄的纪录片制作成短视频，多角度宣传黄河文化，让更多网友进一步了解黄河文化；二是以黄河文化传承为主题，组织线上创意设计比赛活动。用户通过网络平台，携带相关话题发布原创设计作品，如剪辑视频、绘画、文创产品等，比赛获胜者可获得黄河文化创意设计产品和相关周边礼品。这样可以吸引更多用户参与，强化宣传效果，助力打造黄河文化特色品牌；三是大力开展以黄河文化为主题的文化活动，如黄河文化论坛会，邀请专家学者、文化名人等共同探讨黄河文化的传承与发展，举办黄河文化艺术展，展示黄河文化的艺术作品，包括绘画、雕塑、书法、摄影等，让市民和游客感受黄河文化的魅力；四是结合传统节日和济南本地特色，举办黄河文化主题的节庆活动，如黄河文化旅游节、黄河文化美食节等，吸引市民和游客积极参与，加深市民和游客的活动体验，提高市民和游客的文化认同感；五是将黄河文化融入城市建设中，将黄河文化元素融入建筑设计、城市规划等方面，如建设黄河文化主题公园，集中展示黄河文化的历史、人文和艺术等方面成果，打造具有当地特色的城市风貌，突出黄河文化特色。

14.4 增加文化活动，促进文化产业发展

在提升济南城市生态软实力的过程中，增加文化活动是至关重要的一步。文化活动不仅可以丰富居民的精神文化生活，还能够吸引外来游客，增加城市的知名度和影响力。

14.4.1 加大对传统文化活动的支持力度

作为历史文化名城，济南拥有丰富的传统文化资源，如泉城、遗址、古建筑等。政府可以组织各种形式的传统文化活动，如舞蹈表演、戏曲演出、传统音乐会等，以展示济南的独特文化魅力。此外，还可以开展一些传统文化体验活动，让市民和游客亲身参与其中，增强对传统文化的认同感和体验感。

14.4.2 引入一些国际性、国内知名的文化活动项目

通过举办国际艺术节、文化交流展览等活动，可以吸引国内外各类文化机构和艺术家前来交流和演出。这不仅能够促进文化交流，还可以提升济南在全国乃至全球的文化影响力。此外，济南还可以积极发展一些创新性和时尚前沿的文化活动。当代艺术展览、音乐节、文化创意市集等都是吸引年轻人和时尚群体的有效手段。通过举办这些活动，可以激发城市文化创新的活力，提升济南城市的生态软实力。

最后，政府还可以鼓励企业和社会组织参与到文化活动的举办中来。通过与企业和社会组织的合作，可以获得更多的资源支持，扩大文化活动的规模和影响力。同时，这也可以培养起更多的文化活动组织者和从业人员，为济南的文化产业发展提供更多的人才支持。

总之，增加文化活动是提升济南城市文化软实力的有效途径。通过加大对传统文化的支持、引入国际化活动、发展创新性活动以及鼓励企业和社会组织的参与，济南可以打造一个多元、富有活力并具有国际影响力的文化城市。这不仅可以提升城市形象，还可以促进文化产业的发展，为城市经济的转型升级提供有力支撑。

14.4.3 支持文化产业

文化产业是指以文化及其创意产品和服务为核心，蕴含了创造、生产、传播和消费的各个环节。支持文化产业的发展是提升济南城市文化软实力的重要举措之一。下面从政策支持、资源整合和创新创意方面提出几点建议。

首先，政府应该出台相关的优惠政策来支持文化产业的发展。例如，可以给予文化企业税收减免、财政补贴和专项资金支持等。政府还可以为文化企业提供场地租金补贴、低息贷款和创业指导等扶持措施，降低文化产业的运营成本，激发企业的创新活力。

其次，需要加大对文化资源的整合和保护力度。济南具有丰富的历史文化遗产和优秀的传统文化，应该加强对这些文化资源的保护和传承，并将其融入文化产业中。同时，要加强与高校、科研机构的合作，利用其研究力量和创新资源，推动文化产业的发展。

除此之外，创新创意是推动文化产业发展的重要动力。可以鼓励文化企业与设计师、艺术家等合作，开展创意产品的研发和设计。此外，还可以组织一些创意设计大赛和展览活动，吸引更多优秀的设计师和艺术家参与，激发创新创意的活力。

总之，支持文化产业发展是提升济南城市生态软实力的重要手段。政府应该出台优惠政策，整合和保护文化资源，同时鼓励创新创意，促进文化产业的蓬勃发展。通过这些举措，济南的文化产业将获得更好的发展机遇，进一步提升城市的生态软实力。

14.4.4 改善文化设施与基础设施建设

济南需要加强对文化设施的投资建设，包括剧院、博物馆、艺术中心等，提供更多丰富多样的文化场所和展示空间。同时，也要加强基础设施建设，提升交通、通讯等基础设施的质量和便利性，为文化活动和文化产业的发展提供更好的支撑。

14.5　制度建设持续发力，提升软实力

14.5.1　优化营商环境

营商环境是经济服务便捷化的软实力。经济方面的物质基础与城市建设虽被纳入硬实力的参考标准，但通过简化行政程序、优化服务和改善营商环境等措施来塑造经济环境，依然是政府治理行为的重要组成部分。济南市应当把激活市场活力、提高服务效率和增加城市魅力作为核心目标，赋予市场参与者更大的自由度和发展空间，从而增强城市的经济软实力。优化营商环境不仅能促进市场与政府之间的持续互动，它还在吸引外国投资、促进人才集聚和激发创新与创业等方面扮演着至关重要的角色。一个高效的营商环境有助于提高城市经济服务的便利性和吸引力，构建和谐的政商关系和积极的市场环境，促进城市软实力对市场主体的吸纳与优化。

14.5.2　行政审批集成改革

行政审批集成改革是政务服务高效化的软实力。行政审批改革是通过改善政务服务的方式打造服务型政府，并进一步以服务的高效化来实现城市软实力提升的重要途径。济南市通过不断深化行政审批改革，展现了其政务服务的便捷性和效率，逐步建立起"泉城·全办成"的城市服务品牌，其积极的社会效应和创新的推广都在稳步推进，为城市软实力的提升奠定了坚实的基础。以提高政务服务质量为核心的改革措施，通过提供定制化和规范化的服务，有效提升了公众的满意度和幸福感。这些改革不仅优化了政府服务的流程，改善了政府形象，还增强了城市对外界的吸引力。同时，通过不断细化和改进软实力的各个方面，

为城市的品牌建设注入了持续的动力，促进了城市品牌效应的形成。

14.5.3 提升社区治理现代化水平

社区治理现代化是塑造社会治理共同体的软实力。城市是人的聚居地，而社区是市民生活的主要场所。社区不仅承担着行政职能，提供公共服务，还是共同体意识和群体情感的纽带，是邻里交流和社交网络的场所。实现良好的社区治理是解决城市问题、提升城市软实力的微观视角和路径。社区管理的现代化目标是建立一个以党为领导、政府为主导，并且实现社会组织、社区团体、社会工作者、志愿者和居民等多方联动的治理结构，通过整合治理手段，打造一个共同参与、共同管理、共同享有的治理共同体。这种共同体的建立，通过协商合作，将各方的目标、意愿和资源纳入社区治理之中，不仅促进了居民意见的表达，还丰富了治理资源，加强了社区成员之间的联系，从而增强了社区的团结力和服务能力，实质上是提升了社区的凝聚力和社区服务的供给能力。

城市是文明制度发展最为完善的区域，上述内容仅从制度角度探讨了城市软实力的提升。城市集中体现了物质、文化和制度，是国家和人民生活现代化的重要指标。作为历史悠久的文化名城和经济强省的省会，济南市拥有丰富的文化资源和坚实的物质基础，这些都是其软实力自信的源泉。当前，济南应持续在制度建设上进行投入，通过制度创新和提升公共服务质量，塑造城市的领导形象，增强城市的影响力，从而赋予城市持续发展的动力。

14.6 巩固生态优势，设法补齐生态形象短板

济南生态软实力建设将由大到小逐步展开，巩固生态文化优势，设法补齐生态形象短板，针对大气质量问题，要继续致力于改善空气质量，加强工业排放和交通尾气的监管，推广清洁能源和绿色交通方式。通过采取更严格的环保政策，减少空气污染源，鼓励居民减少对一次性塑料和其他环境污染物的使用，积极参与环保行动，共同保护城市的空气和水质。同时加大绿地建设和规划力度。城市规划要注重公共绿地的

分布均衡性，确保每个居民都能方便地享受到绿色空间，提高绿地的质量，打造更多的生态景点，如湖泊、公园和自然保护区，为市民提供更多的户外休闲和娱乐选择，进而改善城市居民的生活质量，增强居民环保意识，推动城市的生态软实力提升。

加强生态制度建设和资源配置，提高市容环境卫生投资占财政支出的比例，确保生态建设获得充分的资金支持。同时，要增加公共设施管理人员的人数占比，提高管理水平和效率，建立更加完善的城市生态制度，确保生态软实力的发展与提升。在科技活力方面，济南市要加强科技创新，推动生态技术的发展和应用。鼓励科技企业和研究机构在环保、绿色能源和资源循环利用等领域进行创新研发。政府要提供更多的支持和政策优惠，吸引更多的科技人才参与生态技术创新。在旅游效益方面，济南市要以旅游业为切入点，提升生态软实力。通过开发生态旅游资源，推动旅游业的可持续发展。在旅游景区，将加强生态保护和文化传承，提供更多的生态体验项目，吸引游客前来参观。同时，要加大宣传力度，提高济南市在生态旅游领域的知名度，吸引更多的游客，促进城市经济的发展。最后，吸引更多人才和年轻群体，提高人口活力，促进城市的发展和创新，增强城市的创新能力和竞争力，为济南市的可持续发展注入新的动力。

总而言之，未来济南市生态软实力的不断提升将为城市的可持续发展打下坚实基础，使其成为一个更宜居、更具吸引力的城市，展示中国城市的生态之美，为人民创造更美好的生活，同时也为全球生态保护事业作出积极的贡献。

14.7　促进企业创新

一是紧盯科技创新，加快前沿技术革新与能力提升。党的二十大报告强调了"开拓新的发展空间和竞争领域，持续塑造新的增长动力和竞争优势"。济南作为国家首个科技创新与金融改革的试验区，以及全国首批网络安全教育技术产业融合的试验区，已经确立了其作为数字领域的先锋城市的新角色。通过高标准和全面性的规划，济南在多个领域促进了产业集群的形成，成功培育了包括集成电路、人工智能、新能源汽车、量子通信和空天信息在内的多个战略性新兴产业。济南在量子产业领域处于国内领先地位，汇集了包括济南量子技术研究院、山东量子科学技术研究院有限公司、国迅量子芯和国耀量子雷达等在内的多个机构。这些机构共同构建了一个完整的量子技术产业链，实现了量子产业集聚。

二是强化产业赋能，进一步提升生产质量和效率。济南致力于推动新旧动能的融合，通过这一过程，该市在打造一个更加强劲和适应变化的现代产业框架方面已经取得了显著进展。具体来说，产业层次的显著提升，促进了产业的高端化发展；创新能力的激增，为经济增长提供了强大的推动力；数字技术的深度整合，增强了产业的智能化和效率；绿色和低碳发展的显著成果，展现了对环境保护的承诺；营商环境的全面优化，正在步入高质量发展的新赛道。

三是放大产业优势，打造产业共同体。济南在促进大数据与新一代信息技术、智能制造与高端装备、精品钢与先进材料、生物医药与大健康四大主导产业链式发展的基础上，进一步培育集成电路、新能源汽车、工程机械、空天信息、透明质酸、生物质材料6个产业共同体，就是要突出具有行业领军的龙头企业，把各个领域的产业优势放大化，形成"链主＋龙头"推进产业链式集群发展的基础条件和先发优势。

四是着力促进资源的整合与协同。面向产业的未来发展，应紧密结合产业特性，顺应产业发展的内在逻辑。在此基础上，依托本地现有的优势产业资源和条件，优先推动产业的升级和科技创新，以增强现有产业的活力与市场竞争力。同时，需要妥善协调市场的有效运作与政府的积极作为，精准把握企业的实际需求，构建一个灵活的发展空间，以适应未来产业的发展趋势。

14.8 数字赋能文化"出海"

一是完善文化出海全链条服务体系。探索跨境电商出口新模式，积极拓展海外新通道，培养超过60个稳定的海外合作渠道。力争用三年时间，培育非遗文化传承项目及品牌500个以上，研发文化产品2000个以上。

二是加强沿黄流域文化协同创新。济南片区正在积极推进与甘肃省临夏回族自治州东西协作，探索建立全国首个自贸东西协作模式，推动设立济南片区国家文化出口基地黄河文明探源研究中心和展示中心，助力提高西部以文化产品贸易为主的"出海"能力。

三是加大对基地建设发展支持力度。用好中央服务贸易创新发展专项资金，支持在济南片区建设高能级服务平台，搭建"文化展示＋孵化＋创意"空间，吸引国家级文化重点项目落户，带动中小企业在济南片区集聚"出海"。

四是培育文化出海新兴业态。用好济南市非遗文化资源，探索"自贸＋非遗"创新路径。依托龙头企业，扩大版权交易、游戏动漫出口规模。探索发展数字文化贸易，推进文化出口数字化标准体系建设。

五是加强对外文化贸易产业赋能。强化人才引育创新，支持引导文化企业与重点高校、部门机构加强合作，推动重点企业开展互动式、订单式人才培养与合作。强化知识产权服务，依托省知识产权公共服务平台等载体，引入一站式公共法律服务平台，为文化企业"走出去"保驾护航。

参 考 文 献

［1］［美］保罗·A. 萨缪尔森、威廉·D. 诺德豪斯：《经济学》，马宾译，首都经贸大学出版社 1996 年版。

［2］蔡云、田珺、魏永军：《产业园区"三线一单"研究与实践——以某高新技术产业开发区为例》，载于《环境与发展》2019 年第 12 期。

［3］陈斌：《乡村振兴背景下乡村生态文明教育的现实困境与实践路径》，载于《现代农村科技》2024 年第 5 期。

［4］陈学明：《"生态马克思主义"对于我们建设生态文明的启示》，载于《复旦学报（社会科学版)》2008 年第 4 期。

［5］戴亚超、夏从亚：《论新时代绿色生活方式的生态法治保障》，载于《广西社会科学》2020 年第 12 期。

［6］董亚宁、顾芸、吕鹏：《面向生态文明的空间品质与城市人才区位——基于新空间经济学的分析》，载于《城市问题》2023 年第 3 期。

［7］付潇、汪琳、朱创业：《基于 CiteSpace 的中国国家公园生态保护文献计量分析》，载于《湖北农业科学》2021 年第 13 期。

［8］郝宪印、钱进：《黄河流域协同科技创新实现路径研究》，载于《理论学刊》2024 年第 2 期。

［9］胡键：《文化软实力研究：中国的视角》，载于《社会科学》2011 年第 5 期。

［10］郇庆治、李永恒：《中国的全球生态安全观：形塑、意涵与革新》，载于《中央民族大学学报（哲学社会科学版)》2023 年第3 期。

［11］《黄河流域生态保护和高质量发展规划纲要》，载于《人民日报》2021 年 10 月 9 日。

［12］寇江泽：《四部门联合印发〈黄河流域生态环境保护规划〉：

分类推进黄河上中下游生态保护》，载于《资源导刊》2022 年第 7 期。

[13] 李扬：《国际能源新形势下能源央企转型要用好"巧实力"》，载于《中国石化》2024 年第 2 期。

[14] 李宗梅：《数字经济背景下企业市场营销策略转变研究》，载于《商场现代化》2024 第 8 期。

[15] 林江丽：《到 2027 年全省高新技术企业达 5 万家》，载于《济南日报》2024 年 5 月 9 日。

[16] 刘予华：《区域产业结构调整视角下山东省融资环境分析及发展路径》，载于《全国流通经济》2024 年第 5 期。

[17] 毛涛：《绿色供应链管理实践进展、困境及破解对策》，载于《环境保护》2021 年第 2 期。

[18] 毛涛：《我国工业绿色发展法律政策实践及其完善》，载于《环境与可持续发展》2021 年第 3 期。

[19] 孟祥亮、张雨煊、孟飞：《山东省黄河流域生态系统质量分析与评价》，载于《山东建筑大学学报》2022 年第 6 期。

[20] 秦伟山、杨浩东、李晶娜：《环渤海海洋生态文明城市建设的评价体系与水平测度》，载于《科技导报》2016 年第 21 期。

[21] 秦伟山、张义丰、袁境：《生态文明城市评价指标体系与水平测度》，载于《资源科学》2013 年第 8 期。

[22] 任月恒、朱彦鹏、付梦娣：《黄河流域濒危物种保护热点区与保护空缺识别》，载于《生态学报》2022 年第 3 期。

[23] 《山东省国民经济和社会发展第十四个五年规划和 2035 年远景目标纲要》，载于《山东省人民代表大会常务委员会公报》2021 年第 1 期。

[24] 《山东省人民政府办公厅关于印发〈国务院关于支持山东深化新旧动能转换推动绿色低碳高质量发展的意见〉分工落实方案的通知》，载于《山东省人民政府公报》2022 年第 32 期。

[25] 尚勇敏：《上海提升城市生态品质的总体思路与建设路径》，载于《科学发展》2018 年第 6 期。

[26] 孙宝娣、钟城豪、崔东旭：《区域协同视角下黄河流域生态安全格局构建》，载于《生态学报》2024 年第 11 期。

[27] 孙久文、崔雅琪、张皓：《黄河流域城市群生态保护与经济

发展耦合的时空格局与机制分析》，载于《自然资源学报》2022 年第 7 期。

［28］［英］泰勒：《原始文化》，连树声译，上海文艺出版社 1992 年版。

［29］谭书佳：《基于居民满意度的生态宜居城市评价研究——以株洲市为例》，载于《中国名城》2021 年第 3 期。

［30］唐代兴：《国家软实力的构成及其功能体系》，载于《西南民族大学学报（人文社会科学版）》2012 年第 12 期。

［31］田潇潇、郭克莎：《绿色制造技术创新对制造业绿色发展的影响》，载于《经济理论与经济管理》2023 年第 8 期。

［32］王晨：《生态文明建设视角下生态软实力构建研究——以河南省为例》，载于《现代商贸工业》2019 年第 4 期。

［33］王浩、孟现勇、林晨：《黄河流域生态保护和高质量发展的主要问题及重点工作研究》，载于《中国水利》2021 年第 18 期。

［34］王浩：《"双碳"目标下山东省能源现状及减碳对策》，载于《能源研究与管理》2024 年第 1 期。

［35］王沪宁：《作为国家实力的文化：软权力》，载于《复旦学报（社会科学版）》1993 年第 3 期。

［36］王琳琳：《他山之石：从生态文化看城市发展保护利用生态文化，推动城市高质量发展》，载于《环境经济》2022 年第 12 期。

［37］王如松、李锋、韩宝龙：《城市复合生态及生态空间管理》，载于《生态学报》2014 年第 1 期。

［38］王伟、姚文艺、张攀：《黄河流域生态治理与生态经济协同发展模式研究进展》，载于《人民黄河》2024 年第 2 期。

［39］吴春华、张艳秋：《山东省数字经济高质量发展对策研究》，载于《中国集体经济》2020 年第 29 期。

［40］吴强、俞昊良、王俊杰：《国家战略法律化的重要典范——黄河保护法》，载于《中国水利》2023 年第 1 期。

［41］夏光：《制度建设是生态文明的软实力》，载于《环境经济》2013 年第 1 期。

［42］徐雪、王圣祯：《增强生态文明建设软实力的路径探析》，载于《理论观察》2020 年第 1 期。

〔43〕 杨俊宴：《城市设计语汇》，辽宁科学技术出版社 2017 年版。

〔44〕 殷晓彦、李蕊、王燕：《山东省生态旅游赋能乡村振兴发展研究》，载于《新西部》2023 年第 10 期。

〔45〕 张安忠：《黄河流域文化产业高质量发展水平评价》，载于《统计与决策》2023 年第 4 期。

〔46〕 张国祚：《中国文化软实力理论创新——兼析约瑟夫·奈的"软实力"思想》，载于《中国社会科学》2023 年第 5 期。

〔47〕 张好、蔡振华、张延鹏：《济南打造网红城市的困境与对策——基于城市形象塑造与传播的角度》，载于《全媒体探索》2023 年第 8 期。

〔48〕 张欢、成金华、冯银：《特大型城市生态文明建设评价指标体系及应用——以武汉市为例》，载于《生态学报》2015 年第 2 期。

〔49〕 朱泽辉、时朋飞、田子业：《旅游业 - 区域经济 - 生态环境耦合协调发展研究——以山东半岛城市群为例》，载于《时代经贸》2023 年第 9 期。

〔50〕 诸葛凌云、赵天波：《文旅产业融合创新发展探索与研究——以济南市历下区为例》，载于《山东宏观经济》2023 年第 3 期。

〔51〕 Ahmadiani, Mona, Ferreira, Susana. Environmental Amentiies and Quality of Life across the United States. Ecological Economics, Volume 164, 2019.

〔52〕 Gao H, Zhang H. Study on Coordination and Quantification of Ecological Protection and High Quality Development in the Yellow River Basin. IOP Conference Series: Earth and Environmental Science, Volume 647, Issue 1, 2021.

〔53〕 Huhmarniemi, Maria, Jokela, Timo. Arctic Arts with Pride: Discourses on Arctic Arts, Culture and Sustainability, Sustainability, Volume 12, Issue 2, 2020.

〔54〕 Jie H, Pengshu Z, Jize Z, et al. Spatial-temporal Differentiation and Driving Factors of Ecological Resilience in the Yellow River Basin, China〔J〕. Ecological Indicators, Volume 154, Issue, 2023.

〔55〕 Jingwen Z. Study on the Coupling and Coordinated Development of Industrial Optimization and Upgrading and Ecological Civilization Construction in the Yellow River Basin. 2020 4th International Conference on Informatization in Education, Management and Business, 2020.

[56] Transport for London, Centreal London Congestion ChargiingImpacts Monitoring Sixth Annual Report, July 2008.

[57] Xiaorui W, Liangrong D, Tianjiao Z, et al. Ecological Vulnerability of China's Yellow River Basin: Evaluation and Socioeconomic Driving Factors. Environmental science and pollution research international, Volume 30, Issue 54, 2023.

[58] Xue B, Zhongwu Z, Zhe L, Jinyuan Z. Spatial Heterogeneity and Formation Mechanism of Eco – Environmental Quality in the Yellow River Basin, Sustainability, Volume 15, Issue 14, 2023.

[59] Yanping L. Subjects Study on Rural Eco – Soft Power Construction. Studies in Sociology of Science, Volume 3, Issue 4, 2012.

[60] Yang Z, Cui X, Dong Y, et al. Spatio – Temporal Heterogeneity and Influencing Factors in the Synergistic Enhancement of Urban Ecological Resilience: Evidence from the Yellow River Basin of China. Applied Geography, Vol. 173, Issue 12, 2024.

[61] Zhengju J. Fuyou G. Liping C, Xiaoxiao L. Eco – Province Construction Performance and Its Influencing Factors of Shandong Province in China: From Regional Eco – Efficiency Perspective. Sustainability, Volume 13, Issue 21, 2021.